JN084466

ニーチェ 知のゆくえ

一 知への問い

仲井幹也

三元社

はじめに

本書は二〇一九年に幻冬舎ルネッサンス新書として刊行された『ニーチェ、知への問い』を新たに『ニーチェ　知のゆくえ』三巻本の第一書として再刊したものである。今回、三元社から第二書『二　知と非知』と同時に出ることになるが、第三書『三　生命、美、そして知』の刊行は、まだ数年先となる。もともと二〇一九年の新書一冊に盛り込むことを予定していた内容が、執筆の経過とともに内容が膨らみ、一冊で済ますつもりだったものが二冊に分けることを考え、今また、結果として三冊目を要することになってしまった。第三書の内容自体はまだ霧の中にある。ニーチェ三巻本でありながら、第一書、第二書ともに、ニーチェはあまり華々しい活躍はしていない。彼は、プラトンやカントを前にして、まごまご、もぞもぞしているだけである。第三書ではニーチェの面目躍如となる内容になってほしいと思っているが、映画の台本を書いている訳ではないので、どうなるかは書いてみないとわからない。本書の元となった新書の執筆の際には、なんども壁に突き当たる辛い思いも繰り返したが、それらは概ね楽しい辛さであった。自分以外の何かに筆を取らされているような感覚を持つこともあり、幸福とも言える執筆の時間を過ごしてきた。『二　知と非知』については、本来の作戦行動中に隠された敵の機銃座陣地を発見し、それをつぶしておかないと、後からやって来る味方歩兵に多大な犠牲者が出ると考え、予定外の戦闘を決行した。ヘーゲル批判である。幸い筆者に上官はいないので、本来の作戦が大幅に遅れても誰からも叱責は受けない。それもあって、第二書の執筆に、本書の執筆の際ほどの幸福感は感じなかった。おそらく——希望的観測だが——第三書の場合は、書物としての成否にかかわらず、執筆の想を練ること自体が楽しいものになるだろうと期待している。そこが筆者が最も書きたかったことであり、書かなければならないと考えてきたことだからである。イヴが差し出すリンゴをかじって歯ぐきから血が出る人は歯槽膿漏を患っている。リンゴをかじって、うめきながらも楽しんで様々な想念をひねり出す人は、思想の労を患っている。

本書第一書は、新書版において散見した誤解を招く記述を数箇所直した以外は、細かい字句の訂正に留めた。繰り返すが、三巻本というのは、それで一つの意味のまとまりを持つものと思っていただきたい。

凡例

1　ニーチェからの引用箇所は、白水社版『ニーチェ全集』（第一刷、一九七九―一九八七年）からは以下に示す著書名の略称および頁数、また、Friedrich Nietzsch: Kritische Studienausgabe. Hrsg. von Giorgio Colli und Mazzino Montinari. Neuausgabe 1999. Deutscher Taschenbuch Verlag GmbH & Co.KG, München. により、原書の頁数を本文中に挙げる。例えば（『ツァラ』P47/S.35）となる。日本語訳については、必ずしも白水社版を使用してはいない。

『悲劇の誕生』→『悲劇の』

『われわれの教育施設の将来について』→『教育施設』

『人間的な、あまりに人間的な』→『人間的な』

『ツァラトゥストラはかく語りき』→『ツァラ』

『道徳の系譜』→『道徳の』

『偶像の黄昏』→『偶像の』

『アンチクリスト』→『アンチ』

「遺された断想」については（第Ⅱ期第十巻P494/NF-1887,11[356],S.156）のように表記する。

2　プラトンとアリストテレスからの訳文は岩波文庫を使用し、著書名とそれぞれステファヌス版とベッカー版の巻章番号で引用箇所を本文中に挙げる。例えば（『国家』335D）、（『弁論術』1378a）となる。岩波文庫に含まれない著作は個別に註で示した。

遠くから漂う花の芳香にいち早く気づく人がいる。他方、良い香りには鈍感で、不快な匂いにばかり敏感な人がいる。それに似て、他人の美質にばかり目が行く人がいる一方で、他人の劣悪さばかりが目に入る人がいる。ニーチェは明らかに後者であったろう。彼が敵とした者への激烈な攻撃や辛辣な揶揄がしばしば不当でもあることから、それらを傷つき憎しみを抱く者の単なる補償行動と取るならば、それもまた不当な見方と言える。彼の攻撃性には激高した一般人の反射行動とは異なる、ある傾向性が認められる。彼は否定的感情から高邁、喜悦、深慮を引き出す天才であり、そのことを自覚している。「驚き」を哲学のパトスとしたプラトン（『テアイテトス』155D）に対して、ニーチェは驚きよりも強い、全身に覚える恐怖こそが人間の思索の出発点になければならないとした（『教育施設』P354,401/S.673,713）。それはまた『悲劇の誕生』冒頭で語る「強さのペシミズム」（P12/S.12）とも軌を一にする。「過酷なもの、戦慄的なもの、邪悪なもの、問題的なもの」が、彼の哲学的活力の源泉である。デカルトの「方法的懐疑」になぞらえるならば、「方法的敵意」ともいうべき手続きがニーチェの哲学的思索の戦略としてある。彼は他者の問題点の過剰な誇大化・単純化によって相手と自分との敵対的構図を浮き彫りにし、それによって自分の思想を深化・強化することを目論む。彼は対象を賞賛ではなく、こきおろすときにこそ自分の筆が冴えわたることを自覚していた（もとより学知において、より重要なのは賞賛ではなく批判である。他者の論究に対する批判とは、いまだ至らざるものを指摘することによる知的貢献に他ならず、他方、賞賛すべき対象とは、こちらが到達しうる以上の高みに達している知見であり、それ以上とやかく言ったところで、そこにさらに知的に貢献できることは何もないものをいうからである。蛇足ながら述べるなら、単なる揚げ足取りや悪意ある誹謗を振り払うのはかまわないが、知的貢献としての批判にまで逆恨みを抱く者というのは、真理よりも己の沽券を重く見る、およそ学者の名に値しない俗物というべきだろう）。

彼が敵手に選んだソクラテス（その代弁者であるプラトン[1]）やカントは、敵とするに値するがゆえに彼の敵となった。敵にしても対立軸を打ち出しにくいアリストテレスは言及の頻度が少なく、敵とするに値しない者の個人名は、そもそも著作には現れない[2]。攻撃対象であるプラトンやカントから、むしろニーチェは多くの教示を受けているし、プラトンやカントが闘わねばならなかった勢力に関していえば、ニーチェは二人と共闘関係にあったとすら言える部分がある。

二人とニーチェとを決定的に分かつのは、二人に顕著な形而上学的志向性であり、彼はこの点での対立構造を強調するために、彼らから得た思想的恩恵・恩典については語ることがない。その意味では確かに不当であった。だがそうしたことよりも、プラトンやカントの思想はニーチェが批判的に描く姿そのままで正しいのか、二人の実像はまた違った姿をしているのではないか、これについて再考・検証することが、本書の主たる課題である。

そもそも力強い思想がドグマであったためしはない。すべての思想はそれを抱く者の生の時間の中で常に途上として、つまり常に書き換えられる可能性の中にあるものとしてあり、思想家の死という生の句切りがついた瞬間に固定化されるものでもない。

思想のドグマ化とは、思索し続ける者の中に生まれるのではなく、固定化することによってしか自分の貧弱な頭の中に思想を収めることができない受容者側の知的粗雑さや知的怠慢という要因によって起こるものである。迷いのない真理への希求、楽しいことをやっているという自己意識を持たない者は、学問とは無関係な方向に触手を伸ばし、自分を権威化するか、できなければ他人の権威で自分を権威化するために誰かを権威化する。楽しいことに夢中な人間は、自分の権威化など念頭にない。天才の出現という異常事態に右往左往し、この恐るべき存在を自分たちの月並みな思考回路へ落とし込むために、そもそも賞の獲得など眼中にない彼らに賞を与えて自分たちにも理解できる価値的サイクルに取り込むことで安心を得ようとしたり、また、生前天才にさんざん仕打ちを繰り返してきた自分たちが、死後に彼を顕彰することで自分は昔から彼の友人であったと詐称し、栄誉のおこぼれにあずかるために壮麗な墓石、記念碑、彫像などを建立したがる手合いというのは、大概、思想をドグマ化したがる者たちとみなしてよい。

テキストは確かに活字となった瞬間に固定化される。だが思想家の思惟を丹念に追いながら自ら省察を続ける者にとって、テキストは死んだ活字ではなく、かつて生きてものを考え続けていた者の生きている思惟として、さまざまな襞や揺らぎを持つものとして、熱や匂いを持つものとして立ち現れる。重要なのは先人の思惟を内在的に共に思惟すること、共に生きなおすことである。

ドグマ化を別の言い方に換えると、受容する側の作業が単なるレッテル貼りに終始し、レッテルを貼り終えたテキストや用語をジグソーパズルのピースのように扱うあり方のことである。ピースが彼らの描く歴史的影響関係や解説図の空洞にうまくはまるのは、何のことはない、空洞にはまるように削られたピースであるからにすぎない。削ってはならないものを削るから、はまる。マルクスが自分はマルキストではないと言った有名な逸話があるが、「キリスト教は民衆のプラトニズム」（『善悪の』P13/S.12）であるとニーチェが言うとき、彼はプラトンを論じる上で、プラトニストが思い描くプラトン像を意図的に踏襲しているのである。

そもそも彼岸と此岸とを分かつ二世界説としてプラトンのイデア論を捉えたのは、後のアウグスティヌスらキリスト教神学者たちであった。それは本当に正しいイデア論の理解なのか。プラトニストたちが、その業績が死後二千数百年を経て確定ずみの古代の哲学者として教科書に解説されている理解の定型にプラトンを閉じ込めるのを、ニーチェも人垣の外から眺めながら、彼らの尻馬に乗っているのである。定型化したプラトン理解のレベルにとどめている理由は、ニーチェにとってプラトンの公正な解説者になることが重要なのではなく、自分の思想を明確化することがなにより重要なことだからである。自分の思想が正しく理解されるためには、多少プラトンを偏って描いても痛痒はないということのようだ。

ただしニーチェの弁護のために付言すると、そうしたことは多かれ少なかれみんなやっていることなのだ。プラトンその人のソフィストに対する姿勢からして、その一例と言える。彼は自分の立場の明確化のためにソフィストを過剰に敵視し、徹底抗戦した。当初彼の対話篇は、刑死した師ソクラテスを批判する言論（ポリュクラテス『ソクラテスの告発』紀元前三九三年頃）に対抗するための論陣を張り、師を擁護するために書かれ始めたものであったが、いつしか対話篇の中でソクラテスが口にするはずもないプラトン自身の思想をソクラテスに語らせることもあった[3]。師の実像を伝えることよりも自分の思想を明確化することを優先させたということである（もっとも、事実に単に忠実なだけのクセノフォンの伝記とは異なり、若きプラトンによる、ソクラテスという特異な人物の「現前」という現象の解明こそが、それ以前のソフィステースとは一線を画するフィロソフォスの像を初めて我々にもたらしたといえる。ソクラテス一人だけでは、単に有徳な人物がいたという逸話に終わり、プラトン一人だけでは単に秀才がいたという記憶に終わっただけであろう。二人の出会いこそが人類史における真の意味での哲学が生まれた瞬間であり、その重要性は計り知れない）。

プラトンによる批判の結果、長く哲学史の中で日陰に追いやられていたソフィストをヘーゲルが再考したのは一見逆の行為のように見えるが、それもまた単に自分の哲学史観を明確化するために ソフィストについて詳述し、自分に都合がよい形で彼らを描いているにすぎない。ヘーゲルは『哲学史講義』で、プラトンを含む古代哲学を露骨に軽視している。彼は「発展Entwicklung」[4]という概念に基づいて世界史を舞台とする普遍的精神の前進を構想することで、プラトンやアリストテレスを含む古代哲学をいまだプリミティヴなものとし、「まずしく」「抽象的で」「理念は規定されぬまで」「中身が薄い」(『哲学史講義Ⅰ』P76/I-S.60)とし、「発展した精神がそうした単純なものに帰っていくのは無力な逃避」(同P84/I-S.67)であるとまで述べている。だが芸術を発展史的に捉えることが芸術理解に多くの弊害を招くように、哲学ほど発展という概念となじまないものはないのではなかろうか。科学的発展という例で明らかなように、自然科学の中でも計算によってその真理性が確証される単純な分野でなら発展概念を適用するのは妥当と言えようが、理念的推論が重要な役割を果たす領域に発展概念を適用しうるものだろうか。計算に基づく真理性とは主に経験的な現象世界に限られる。いうまでもなく哲学は、可能的経験の絶対的全体性を推論することこそが主たる使命である。そうした理念的思惟は、先人の理念が後世の人間の理念を触発することはあっても、そうした影響関係は「発展」と呼ぶべきものとは異質なものと考えるべきであろう。「発展する」一般科学のレベルならいざ知らず、哲学において過去の何かをすでに自明のもの、片がついたものと見なすことほど危険なことはない。

ハイデッガーは西洋哲学の始まりを、プラトン哲学におけるlogosとphysisとの元初的な相互分離にあるとしているが[5]、プラトンが西洋哲学のレールを敷いた人、あるいはその枠組みを設定した人である以上、プラトンの敷いたレールの是非は、その上に乗って走る者ならば常に問い返さなければならないはずのものである。自分の列車はもう何千キロも走って来た地点にいるから、出発点の未開地のことなど考えなくていいのだと言う者に対しては、でも、ではそもそも、あなたはなぜ荒野を徒歩で歩かず、そのレールの上を走っているのか、と問わねばならない。

ニーチェはレールそのものの是非を問うた最初の人間である。だが彼も、自分たちが無反省にその上を走ってきたという事実と、そのレール自体の正当性の問題を指摘さえすれば、自分はもうそのレールから自由な地点に立っていると早とちりしている。それゆえニーチェは『偶像の黄昏』「いかにして〈真の世界〉がついに作り話となったか――一つの誤謬の歴史」の一で（P47/S.80）、イデーの最も古い形式であるとして「われプラトンは真理なり」と揶揄することができた。それを指摘するニーチェの言表そのものが、そのレールの上で二千年にわたって培われてきた概念や発想法によって固められた言表《ロゴス》であり続けるにもかかわらず、にである。これを例えるなら、武器としては役に立たないガラクタだと言いながら、プラトンから奪い取った武器でプラトンを攻撃しているようなものである。攻撃が有効なら、その武器自体が有効であることになる。プラトンに淵源を遡ることになる概念や発想法ぬきに哲学することは、誰にとってもほぼ不可能なはずである。

ニーチェがプラトンの実像をすりかえているのは「意図的」であると述べたのは、単にそうであってほしいという、こちらの願望にすぎないかもしれない。根拠らしきものを提示できるとすれば、彼のイエスの評価である。ニーチェは周知のようにキリスト教を目の敵にし、事あるごとにイエスをも批判の対象としているかに見える。だが、彼が真に批判しているのはイエスその人ではなく、イエスという唯一無二の不世出の存在を世界宗教となったキリスト教の教祖に祭り上げ、「福音の反対のものから教会を築いた」（『アンチ』P216/S.208）――つまり自分たちの都合の良いようにイエスの言動をドグマ化した――パウロを筆頭とする後のキリスト教徒である。ニーチェがルサンチマンの精神構造を読み取ったのは彼らにおいてであって、イエスその人においてではない。「本当はただ一人のキリスト教徒しかいなかった。そして彼は十字架につけられて死んだのである」（同P220/S.211）。イエスの弟子たちは、師の「このような死に方における範例的なもの、あらゆるルサンチマンの感情を超えた自由、優越を悟らなかったのだ」（同P222-223/S.213）とニーチェは考えている。ニーチェの最大の敵はキリスト教と形而上学――前者は後者の一類型ともいえるが――であって、イエスの存在とそれを受容した者たちとを精確に区別する目を持つ彼が、プラトンの実像とそれを定型化する者たちの描く像とを単純に同一視しているとは思いにくい[6]。

ところで、「驚き（タウマゼイン）」が哲学の始まりとするプラトンの言葉は、ローマ期は言うに及ばず上述のようにそれに異論を述べたニーチェに至るまで、後世の人間の間で金科玉条のように受け取られてきた。だがこれは、「快・不快」「正・不正」「美・醜」「知識・思わく」など対話篇において議論の中で入念に検討される他の重要な概念とは異なり、『テアイテトス』の中でソクラテスの口から思い付きのように発せられる一言でしかない。それを受けたアリストテレスの考究においても、ごく身近の不思議な事柄、例えば月、星、太陽などの諸相に対する驚異の念から己の無知を自覚し、無知からの脱却を図ろうとする、それが知の愛求（フィロソフィエン）につながると述べているので（『形而上学』982b12）、「驚き」はどちらかといえば自然学に傾斜した知の始まりに関わるものと考えるべきであろう。ニーチェはこれに対して「恐怖」こそが哲学の根源にあるとした。それを強調する『われわれの教育施設の将来について』は『悲劇の誕生』出版の二か月後に行われた講演であり、両作品は同じ問題意識の中で哲学の根源のありかを捉えているといっていいだろう。哲学は恐怖に始まるという考えは、まさに古代ギリシャ人の心性に触れる『悲劇の誕生』にふさわしい論点である。

だが、恐怖と並んで、外界からの脅威に対する同じ反応として、怒りというものがある。恐怖と怒りは、同じ要因に対する二つの異なる感情の現れ方であるとするならば、怒りもまた哲学的思索の活性化を促す重要な要素と言えるだろう。アリストテレスは怒りを「自分、または自分に属する何ものかに対して不当な扱いがあったため、これにあからさまな復讐をしようとする、苦痛を伴った欲求」(『弁論術』1378a)と定義し、怒りは心に快さを生み出し、ある種の快楽が怒りには伴うこともつけ加えている(同1378b)。とりわけ怒りの有益性として、戦場における勇気の補助的効果を挙げている(『ニコマコス倫理学』1116b-1117a)。

これに対してセネカは、怒りは害悪以外の何物ももたらさない狂気に似たものとして全面否定する。セネカの論拠は二つあり、一つは怒りは制御不能な情念であるということ、もう一つはプラトンの「善き人は害さない」(『国家』335D)に基づく。二つ目のプラトンに基づく論拠は極めて強力なものであるため後に論じることにするが(本書35頁)、一つ目の、制御不能な情念であるということについては、アリストテレス自身、怒りはあくまで戦闘の補助となるものであって、徳の一つとされる真の「勇敢」とは異なるものであることを強調している。怒りは実際に戦闘に従事する兵士に有益なのであって指揮官は常に冷静でいなければならないとアリストテレスが述べたというのはセネカの記憶違いであろうが[7]、その誤引用の内容自体はアリストテレスの論旨として適切である。つまりセネカの制御不能という主張に反して、怒りとともに戦闘する兵士は冷静な指揮官の制御下に置かれることも可能なのである。

セネカのように怒りの暗黒面ばかりを強調するのではなく、ニーチェもまた怒りの有益性を認め、否定的情念と哲学との関係には酌量すべきもの、割引すべきもの、笑うべきものすら残っていると述べる。笑いとは、自己を対象化しうる精神をもって初めて生じうるものである。笑うべきものすらそこに見出すのだとすれば、怒りは完全にニーチェの精神の制御下にあることを意味する。「ことに我々が軽視してならないのは、情事を（その道具、女、この《悪魔の道具》をも含めて）実際に個人的な敵として扱ったショーペンハウアー自身といえども、いつも上機嫌でいられるためには敵を必要としたということであり、怒気に充ちた、胆汁のような蒼黒い言葉を愛したということであり、激情から憤るために憤ったということであり、もし彼に敵がなかったとしたら、ヘーゲルも女も官能も、生存や生存の持続への意志全体もなかったとしたら、彼は病気になり、厭世家になったであろう（――なりたいとどんなに願ったにしろ、彼は病気でもなく、厭世家でもなかったのだから）ということだ。それらのものがなかったとすれば、ショーペンハウアーは生存に留まりはしなかったであろう。［……］しかし彼の敵が彼を引き留めた。彼の敵が彼を生存へ誘惑した。彼の憤りは、古代の犬儒派におけると全く同様に、彼の清涼剤であり、彼の休養であり、彼の報酬であり、彼の吐き気止めであり、彼の幸福であった」（『道徳の』P133-134/S.349-350）。厭世哲学者ショーペンハウアーから敵を奪ったら、彼は厭世家になってしまっただろうというくだりは、思わず吹き出しそうになるほどニーチェ一流のうがった論評であるが、敵を必要とするということに関しては、ニーチェその人にもそのまま当てはまる。

『ツァラトゥストラはかく語りき』第一部「市場の蠅」でツァラトゥストラは真理の愛求者に向かって、市場の喧騒を避け孤独の中に逃れよと語り掛ける（P79/S.66）が、客観的に見て、こう書いている当の本人である作者自身がどうであったかといえば、自分が叩き潰した無数の蠅の血のりがべっとり固まった蠅叩きを片手に持ちながら、蠅叩きになるのはあなたの天命ではない、そんなきりのないことはお止めなさい、と他人を諭すのがニーチェである（むろん彼が蠅を叩き潰すのはあくまで彼の言論においてだけであって、ニーチェが著作で何を語ろうが語るまいが、現実の蠅たちは、相変わらず彼らの好むかぐわしい匂いに酔いしれながら欣喜雀躍として汚物の上を飛び交い、生ごみに顔をうずめて恍惚となるのである）。蠅叩きが自分の本務ではないことくらい、無論ニーチェはわかっている。だが哲学的難題に挑む者が疲れた頭を回復させるために、敵を笑い者にする程度の気晴らしをしたとしても大目に見るべきであろう。愛するに値する者の愚かさは愛する者に苦痛を与えるが、軽蔑に値する者の愚かさは軽蔑する者に娯楽を与える。登張竹風[8]ふうに言えば獅子吼する哲学者であるニーチェに怒りはふさわしかろうが、プラトンやカントには似つかわしくないと考える向きもあろう。だがなかなかどうして、そうとも言えないのである。この「胆汁のような蒼黒い言葉」というのは、プラトンもまた無縁ではなかった。

貴族の家系に生まれた若きプラトンは、当時の慣例通りゆくゆくは政界に進んで政治家として活躍する希望を持っていた。そこから転じてなぜ哲学者の道を選んだかについての経緯は、彼の『第七書簡』（紀元前三五二頃）に記されている。

ペロポネソス戦争敗戦後（紀元前四〇四春、プラトン、二三歳頃）、戦勝国スパルタの将軍リュサンドロスの支援を得た寡頭政府派が三十人執政（トリアコンタ）として全権統治委員となり、アテナイの新体制が始まった。その中には特に強硬な人物として知られていたプラトンの母の従兄クリティアス、叔父のカルミデス（二人ともソクラテスの弟子でもあった人物）もいた。若きプラトンも彼らの活動に参加するよう促されたらしい。悪評の的だった旧体制から新たに起こった新体制に対し、プラトン自身も期待を抱きながら動向を注視していた。

だが三十人執政は自分たちの反対派を次々と処刑し、しまいには財産没収目的の処刑まで行う恐怖政治を始める[9]。さらに彼らは、プラトンがすでに知己を結び、薫陶を得ていた師ソクラテスに対し、サラミス島に逃走していた民主派のレオンの強制連行のために差し向けるべく恫喝的に命令するということまで行った。ソクラテスと一緒に呼び出された四人はその命に従ったが、ソクラテスはその非道な命令を無視して帰宅した。不正に与するくらいなら、あらゆる迫害に甘んじる覚悟だったのだ。三十人執政による寡頭政府が八か月で崩壊しなければ、ソクラテスの命はなかったともいわれている[10]。

こうした一連の事件を目の当たりにし、憤懣を禁じ得ない思いでプラトンは事態を眺め、周囲の政治的動向から次第に距離を取るようになった。そして、プラトンが現実政治に絶望する決定的契機となったのが、ソクラテスの処刑である。すでに三十人政権は挫折し、亡命先から帰国した民主派の新たな治世は、恩赦令を出すなど穏健なものだった。内戦終結の条件となったのは、どの立場の者たちも互いの過去の所業を水に流す「既往を咎めず」との定めであり、これは厳重に守られることとなった。

内戦終結から五年ほどたった紀元前三九九年ソクラテスは、アニュトス、メレトス、リュコンという三人の市民から、国家の神々を信奉せず新しい神格を輸入し、青年たちを腐敗せしめたという罪状で告発を受け、処刑された。俄かには理解しがたい告発内容である不敬神と青年腐敗のうち、まず前者の容疑についてだが、これはソクラテスが友人と話している最中に突然動かなくなり、一時間、長い時には一昼夜もじっとしていることがあり、彼はその特殊現象をダイモニオン（神霊）が自分に諭しを与えているのだと周囲に説明していたことと関係している。メレトスは、これを踏まえて、古来の神々を敬わない、新奇な「神々の製作者」（プラトン『エウチュプロン』3b）であるとしてソクラテスを中傷したのである。実際メレトスは、告発状の中で「神々」という直接的な言葉を使わず、ダイモーンの形容詞ダイモニオン[11]の複数形ダイモニアを使っており、これにより新奇な祭祀をソクラテスが行っているかのような漠然とした想像を聞く者に喚起させ、世間に知られていたソクラテスの身に起こる特殊現象（カタレプシー）とそれとをだぶらせることで自分の中傷の意図が達成されるようにイメージ操作をしていたと見ることができる。後者の青年腐敗についてでは表層と隠された深層の二面がありそうである。

まずわかりやすい表層について述べる。メレトスらが、ソクラテスに悪意を抱く理由は、『ソクラテスの弁明』でソクラテス自身の口で明らかにされる。ニーチェがルサンチマンを自分の哲学の基軸に据えるはるか二千数百年前に、すでにソクラテスは、本当のことを「何一つ包み隠さず、何一つ手加減を加えることなしに」人々に語って来た、他でもない、正にそのことによって自分は嫌われるのだと述べている（プラトン『ソクラテスの弁明』24A）。ルサンチマンの十字砲火を受けてきたのはニーチェに限らず、太古の昔から抜きんでた人物はおしなべて皆そうだったはずである。本当に善いもの、本当に正しいものを「何一つ包み隠さず、何一つ手加減を加えることなしに」求めるのが抜きんでた人物の謂であり、これは大概のことは包み隠し、大概のことには手加減を加える凡愚にとって、相当に困った人物のことだからである。凡愚には凡愚の生理があり、その生理に反する「善いもの」も「正しいもの」も、彼らにとっては全くもって望ましいものではないのである[12]。議論でソクラテスに論破され、公衆の面前で自分の無知・無能を白日の下にさらされた自称「智者」たちは数多いた。そのことに恨みを抱く者だけではなく、議論を取り囲む聴衆の中にはソクラテス・フリークのような追っかけ連中がおり、こうした若者たちはソクラテスの真似をして他人の無知を暴くことに興じる。被害者たちは若者たちに対してよりも、手本となっているソクラテスの方に怒りを向けるのである。あいつのせいで不埒な若者が増えた、あいつは若者を腐敗させる、という具合である。

続いて、隠された深層についていうと、ソクラテスのかつての弟子たちの中に、ペロポネソス戦争期のアルキビアデス、三十人政権期のクリティアスおよびカルミデス[13]など、アテナイに深刻な災禍をもたらした人物らがいたことが告訴と関係していたようである。アルキビアデスは出世欲と功名心に逸る無節操な男であったようで、休戦期間中であるにもかかわらずシケリア遠征を提言し大遠征軍を組む。だが出発前に彼が行った不祥事によって彼はアテナイに連れ戻されることとなり、シケリアに渡った遠征軍自体は最終的には壊滅状態となる。彼はアテナイへ連行される前に敵方のスパルタに逃げ込み、今度は逆にスパルタ側についてアテナイ攻めの手助けまでする。スパルタでも不祥事を起こすと、今度はペルシアに逃げ込み、アテナイ、スパルタ双方に不利となる策動をする。その後またペルシアをも裏切るという具合であった。

クリティアスとカルミデスは前述のように三十人政権で恐怖政治を行い、民主派との一年間に及ぶ内戦を惹き起こした点で、より重大な災禍をアテナイにもたらした。アテナイ市民は、そのような弟子を輩出しながら謹慎もせず、あいかわらず言論活動を続けるソクラテスを苦々しく思っていたようである。特に民主派のアニュトスは三十人政権期に亡命生活を耐え忍んだのち、寡頭派への反攻蜂起を指揮しクリティアスやカルミデスらを打倒した人物であり、クリティアスらの反民主制思想の一端はソクラテスから受け継いだものでもあるから、アニュトスがソクラテスを危険視することは当然だった[14]。だが内戦終結の和解の原則がある以上、そのことを理由にソクラテスを裁判にかけることはできない。政治的思惑を隠すために不敬神を取り上げ、宗教裁判の装いを施した告発だったと言える。

アルギヌサイ沖海戦をめぐる裁判でもそうであったが、当時のアテナイ市民は感情論が裁判に影響し、その感情も時とともに大きく振り子が反対方向に揺れるという点で、かなり衆愚的だったと言えよう。成人した子供の犯した罪を親に問えないことは現代の常識であるが、いわんや一時期弟子であったにすぎない若者の所業が師の責任とされるというのは公正とは言えない。何しろクリティアスの少数エリート支配こそ思慮ある政治とするイデオロギーは、知る者と知らぬ者の単純な峻別を前提としており、師の「思慮深さ」についての教えを正しく理解できていないがゆえに陥った政治思想的逸脱と言える。彼の反民主制の根拠となった単純なエリート主義は、エリート意識を持たないどころか自らを不知とするソクラテスの立場とは根本的に異なるものだった。クリティアスとソクラテスの思想的立場の本質的違いを理解している人間は、当のソクラテス自身を除けば若きプラトンただ一人だけだったかもしれない。プラトンはこれ以降、親族であったクリティアスの迷走を自身の問題としてわが身に引き受け、内省を深め続けたのだった。ソクラテス／プラトンのそのような政治と徳との根源的理解とは無縁に、アテナイには災禍を蒙った自分たちの感情のはけ口として特定の攻撃対象を短絡的に探し回る風土があったと見るべきだろう。

師ソクラテスの死刑を目の当たりにしたときの自分の精神状態をプラトンは『第七書簡』でこう書いている。「そういうわけでわたしは、初めのうちこそ公共の実際活動へのあふれる意欲で胸いっぱいだったとはいうものの、それら法習の現状に目を向け、それらが支離滅裂に引き回されているありさまを見るに及んでは、とうとう眩暈がしてきました」[15]。ニーチェであれば、これに「吐き気」という言葉をつけ加えたであろう[16]。ニーチェにせよプラトンにせよ、彼らがやったこと、彼らの哲学的営為とは、まさにこうした吐き気や眩暈をもたらす衆愚的状況から如何にして人間が脱しうるかについての考究であった。というのも彼らのどちらもが（カントも同様だが）、蝿どもの生活に不可欠な三種の神器「いんちき、でたらめ、恥知らず」が、大嫌いだからである。プラトンは哲学者とソフィストとの峻別によって、カントは悟性の限界を明示することによって知と非知との境界を示し、ニーチェは超人のイメージによって人間の出来損ないの状態から、より高次の存在への変容への道を示したのである。哲学の始まりは「驚き」でも「恐怖」でもなく、「眩暈」と「吐き気」であったのではなかろうか[17]。

プラトンの放つ「胆汁のような蒼黒い言葉」とは、無論ニーチェのそれと比べればはるかにおとなしいものである。プラトンは、病気でありながら良からぬ不摂生な生活から抜け出そうとせず、それでいて薬を勧められると、それで健康になれると期待する人たちを「愛嬌がある」人たちと呼ぶ（『国家』426A）。言うまでもなく、とげを含む反語である。酔っぱらったり、たらふく食ったり、でたらめな生活をしているのでは、いくら治療されても病気がよくなるはずがないと忠告されると、その忠告者を憎むようになるという病人は、国家運営のあり方がよろしくない国の君主を指しており、耳の痛いことを言う忠臣を排除し、逆に自分にへつらい機嫌を取る者を、有能な者とし重用する為政者の譬えであり、そしてまたそうした為政者に重用されることで自分を有能であると思い込む政治家もまた、長さの測定法を知らない人間が同じように無知な人間からお前の身長はこれこれだと言われて、自分がその身長であると思い込む人間に譬え、「そうした人ほど愛嬌のある人々はこの世にいない」(『国家』426D-E) と述べる。おとなしいとはいえ、プラトンがこうしたとげのある反語を使うケースは珍しい。

だが、そのプラトンも『テアイテトス』では、さらに苛烈になる。ディオゲネス・ラエルティオスの『哲学者列伝』にも出てくる話だが、タレスが星度推考をして上を眺めていると穴に落ち、それを見たトラケ女に冷やかされるという逸話[18]をもとに、求智者と凡俗の徒との違いについて論じる箇所がある。タレスのような求智者は「隣人が何をしているかということはおろか、それが人間であるか、それともまた何かの畜類であるかということさえ知らずに済ましている」(『テアイテトス』174B) と述べるに及んで、プラトンの筆致も「畜群」という言葉を用いたニーチェに接近している。さらには、権力や富を持つ王侯がけっこうな身分とされているのは、豚飼いや羊飼い、牛飼いなどがたくさん搾取できるから幸福な身分だといわれているようなもので、搾取される当の動物は牧童よりもいっそう御しがたく油断のならぬものであるのに、とすら書いている (同174D)。こうした権力や富という世間的価値を恃むことが求智者の立場から見れば、けちくさい了見にもとづく空虚な誇りでしかなく、笑止千万なものでしかないとプラトンは言う。このあたりのプラトンの書きっぷりは、そこそこ胆汁のように蒼黒い。

ちなみにヘーゲルは、ソクラテスと彼を糾弾するアテナイ市民との対立を、神託が決断主体であった共同体的秩序と、それに代わって、人間の主観的意識が決断する精神となり、それが秩序意識を体現する「個人」の登場という転換の相において捉えている。「一方にあるのは掟、義務などの一般的なもので、他方にあるのは精神一般の抽象的な形態としての、活動する個人、ないし決定する主観である。［……］精神の発展が一般原理の内容の欠陥をあらわにしてきている。一般原理を否定する実在的なものが個人という契機であって、この個人は意味をもたらし決定を下しつつ活動する個人である。現実の行動において、特定の義務があってそれに従って振る舞えば十分だという訳にはいかなくなり、個々の場面場面で、義務と義務とが衝突し、道徳的ではあるがもはや絶対的とはいえない様々な内容を具体化するには、精神主体の決断で統一するしかないことが完全に意識されたとき、この個人が、正義とは何かを知って行う純粋な決断を良心と名づけることができる。そして、この意識が誰にも当てはまる純粋に一般的な内容として掲げるものを義務と名づけることができる。これまで民族の精神は秩序意識（die *Sitte*）と名づけられたが、秩序意識を体現する複数の一般的な精神に代わって個の精神が、つまり、決断する個人が登場してくる」（『哲学史講義II』P107-108/I-S.489、括弧内のドイツ語は筆者）。個人の主観性を原理とし、主体が決断を我が身に引き受ける個の精神は、国家の掟や慣習に従って生きることが道徳的だとする従来の共同体的秩序（die Sittlichkeit）と対立し、共同体的秩序の核心を傷つけるソクラテスの立場は国家の存立を危うくさせるものであったと述べる。ここまではよい。ヘーゲルは、それゆえに「告訴は全く正当である」（同P122/I-S.503）と言い、「彼の有罪は当然であった」（同P128/I-S.508）と断じる。妙なことを言うものである。ヘーゲルは「新しい精神が民族精神や既存の人情と衝突する以上、反動が生じるのは当然のことである」（同P133/I-S.512）という。精神の運動過程で反動が生じるのは当然だが、反動が生じる必然性の話が、いつの間にか反動の正当性の話にすり替わっている。

ヘーゲルが、ドイツの哲学史家テンネマンの著作を引き合いに出し、テンネマンがソクラテスを善、アテナイ市民を悪とし、両者の対立を善と悪の対立という図式に持ち込むことが、ヘーゲルの言うように「道徳的偽善話」（同P117/I-S.498）であるということが仮にあるとしても、「刑罰によって抹殺されたのは個人だけで、原理は抹殺されはしなかった」（同P133/I-S.512）と言われてしまっては、ソクラテスもいい面の皮である。地動説を唱えたジョルダノ・ブルーノを教会が火刑に処したことも正当だったのだろうか？　さらには、彼の言に従うなら、律法という共同体的秩序に対して個の主観性の原理を対置させたイエスを死に追いやったユダヤ人たちも正当であったことになろう。仮にソクラテスとアテナイ市民が逆の立場であったとしたら、守旧派となったソクラテスが自分と対峙する新思潮の側の人々を抹殺することなどありえただろうか。論破しようとし、それができなければ沈黙しただけだろう。あるいは納得して自らの不明を詫び、新思潮を支持する側に回っただろう。他者の意見表明の場を最大限確保し、つねに開かれた知の公共性を堅持するのがソクラテスの不動の姿勢であって、異なる考えを持つ者を抹殺することによって言論封殺することなど、ありうべからざることだったはずである。

アテナイ市民の強硬性に表れているのは正当性のない「恨み」、つまりルサンチマンである。世界そのものを崩壊させる危険な言説が現れたならともかく、実際に崩壊するのは彼らの世界にすぎず、新しい世界像の内実や魅惑を確かめもしない姿勢には、田舎者が都会の文物に触れた瞬間に意味も分からず拒絶する姿勢[19]、年寄りが若者の新しい動きに抱く嫌悪や拒否の態度に共通する明らかな人間的欠陥、すなわち怯懦、惰弱が表れている。ニーチェが論じたルサンチマンの主たる形態は、自分より優れた者への恨みというものだったが、自分とは異質なものへの恨みという形態は、その派生形である。異質なものへの恐れ、変化を求められることへの恐れとは、自分の劣等性が露呈することへの恐れに他ならない。つまりは、ようするに、自分の中に劣等性を自覚する者にのみ起こる感情なのである。強い者は変化を怖れない。変化が有益なものであれば賛同し、変化の実態が空虚で愚かしいものであれば、それを指摘するだけのことである。弱いがゆえに恐怖と敵意をつのらせる。そして殺す。

裁判での弁明で、ソクラテスが自分に現れるダイモニオンの声について述べた際、自分たち以外の特定の者、つまり他ならぬソクラテスにのみ神霊が語りかけ、自分たちにはそうしたことが起こらないということが裁判官たち（現代で言うところの陪審員たち）を不機嫌にしたというクセノフォンの記述に基づき、ヘーゲルは「嫉妬」という言葉を用い、この心理を自然なものとし、アテナイ市民の側にはなんら非がないかのように述べている（同P119/I-S.499-500）。ヘーゲルに代わり精確を期し補足して修正するなら、自然な感情、即、正当な感情とはならない。自然な感情の中には美しいものも醜いものもあり、賞揚すべきものと批判すべきものがある。嫉妬はこの場合、自然な、而して当人の劣弱性を示す批判すべき醜い心理である。仮にそうした感情を持つことがあっても、それを表に出すか出さないか、出すとしてもどのような形で出すか、その違いによって人間の品位は決定づけられる。

ヘーゲルはソクラテスの人物像をこれ以上ないくらい簡潔で適切に描いた。「ソクラテスは個人の持つべき徳をすべて具えたお手本だった。知恵、謙虚、禁欲、節制、公正、勇気、不屈、僭主や強者をものともせぬ確固たる正義感、所有欲や支配欲のなさ、——こうした徳を具えたソクラテスは、落ち着いた誠実な人格者だった」（同P68/I-S.453）。それも杓子定規な道徳家ではなく、イエスがそうであったように、人と楽しく飲み食いを共にする社交性もあった。それゆえソクラテスが行うのは「説教、訓戒、講義、陰気な道徳論の類ではなかった」（同P71/I-S.455-456）。「まったく自由な交わりの中での動き、つねに思索に裏づけられ、内部に普遍性を持つがゆえに、個人や周りの状況に対して常に正しく生き生きした関係を結ぶことができるあけっぴろげなおしゃべり――最高の教養人の人づきあいとはそうしたもので、彼は自分の利害を持ち込んで生き生きした関係をこわしたり、他人の神経を逆なでするようなことはしない」（同 P69-70/I-S.454）。こうしたアッティカ風の洗練さ（**die attische Urbanität**）を持つ優美な振る舞いは、単にアテナイの共同体的秩序からソクラテス的個の原理への転換といった時局の相においてのみ通用する人間像という限定的なものではなく、それから二千数百年が過ぎた今日においてもなお、我々が目指すべき教養人の理想像であり続けている[20]。

ニーチェは、しつこく質問を繰り返し、最終的に相手の無知を暴き出すソクラテスの問答法をギリシャ的美風にもとる奴隷のやり口と批判したが（『偶像の』P34/S.70）、これはソクラテスがそうしなければならなかった側面を考慮しない少々行き過ぎた評し方である。論者が自分の誤りを認めたがらないのはあたりまえのことで、それを論破するにあたって、相手の感情を最も傷つけずに真理に到達するために、ああいう問答法が必要だったということであって、むしろニーチェのように相手をハンマーで打ち据えることの方が、よほどアッティカ風の洗練から遠く離れている。

話を戻そう。ソクラテスに死刑を宣告したアテナイ市民は公正で率直だっただろうか？　自分たちの信じる共同体的秩序に晴れ晴れとした思いで帰依し、自分の個人的利害を持ち込まず、一点のやましさもなく判決を下したのだろうか？　そうした事実があった場合にかろうじてヘーゲルの言う正当な判決というものもありえようが、実際にソクラテスが対峙した人々というのは——ニーチェがその点を見逃すはずはない——「すべて疲れた本能をもった人間ばかりであって」（同P208/S.146）、形骸化した共同体的秩序に埋没し、「全くその権利を喪失してしまった昔の燦然たる言葉を口に」（同P208/S.146）しているだけの自堕落に生きる保守的な古きアテナイ人だったのである。

さらには、ソクラテスが若者を誘惑するという嫌疑にも関わる事例だが、告発者の一人であるアニュトスとその息子の親子関係にソクラテスが介入したことも、ヘーゲルはソクラテスの側に非があるとしている。これもまた妙な話である。奴隷ならぬ名声ある自由人の身であったアニュトスが、自分の息子を奴隷にふさわしい職種であるなめし革職人に育てようとしていたのをソクラテスが見とがめて、息子に自由人にふさわしい教育を施すように勧告したことが、アニュトスとの軋轢を生むことになる。ヘーゲルは、親と子という絶対の関係に第三者が道徳的に介入し、親よりも自分の言うことを優先すべしとソクラテスが諭すのは、両親との一体感という共同体の基本となる人間関係を切り裂く行為であり、共同体的秩序の核心を傷つけるものであると言う。そして前述の、彼の有罪は当然であったという発言につながる（『哲学史講義Ⅱ』P122-126/I-S.503-506）。

先にも触れたように、なぜかヘーゲルは共同体的秩序にのみ肩入れし、もう一方の側、このケースではアニュトスの息子本人の将来については一顧だにしない。事実その息子は、父親からやりたくもない仕事を強制され、ソクラテスが予見したとおり堕落した人間へと落ちていく。共同体内の若者がその可能性を開花できずにしぼませるとしたら共同体自体の損失となるにもかかわらず、共同体的秩序は若者の将来を犠牲にしてでも維持されるべきものと言わんばかりのヘーゲルの論調である。しかもこの件は、子供を育てる際の親の見立てが的外れであった場合、近所のおやじがそれはあんまりだろうと異議を唱える程度の話であり、世間によくあるありふれた話でしかない。これをアテナイ国家の基調や存立にかかわる大問題とし、有罪を当然とする論拠とするのは牽強付会もはなはだしい。

ヘーゲルのソクラテス批判には、おかしいことがまだある。クリトンら友人たちから逃亡を勧められた獄中のソクラテスが国法に準ずることとの重要性を説き逃亡を拒否したことを、ヘーゲルは、それを道徳的崇高性の証しと見ることも可能と前置きしながらも、法律に従うべきとするなら、判決の下ったこの段階では有罪判決を尊重し自分の罪を認めるべきなのに、罪の承認を拒否したことと逃亡の拒否とは互いに矛盾していると言う（同 P129/I-S.509）。これはソクラテスの立場からすれば何も矛盾はしていない。裁判での審理が間違った事実に基づくものである以上、有罪を承認する訳にはいかないのは当然であって、従って当時の決まりでは有罪判決を受けた者自身が量刑を決めることになっていたが、ソクラテスがそれを拒否するのはあたりまえである。他方、逃亡という行為について考えると、不当判決であるのなら逃げてもよいのではないかという考えは半分正しく、半分正しくない。逃亡は、罪を認めぬがゆえの逃亡と、罪を認めたがための逃亡と二様の解釈が周囲には可能となるからである。ただしソクラテスが本当の意味で了としなかったのは、自分が有罪だとの自覚があるから逃げたのだと解されるということよりは、逃亡が言論による審議を経た議決というものへの軽視につながる行為であることこそを問題としたのである。彼はあくまで審理の正当・不当は言論において決着されるべきものと考えていたのであって、逃亡は何の解決にもならない。言論、つまり対話において真偽を決定することこそが彼が全存在をかけて求め続けてきたことであり、国法に基づく正当な手続きを経て決着がついた事柄を逃亡という実力行動によって覆すことは、これまでの自己のあり方を自分で否定することになってしまう。自分に罪があるという判決内容自体は承認しないが、言論を尽くした上での判決結果には服するのである。これは無論、人として簡単なことではない（逃亡が容易であったという事実を前にすれば一層そうである）。というより常人には不可能である。この厳粛な事実は、ヘーゲルにせよニーチェにせよ、顔色をなさしめるに十分であったろう。ヘーゲルやニーチェのある意味でのいちゃもんは、この重たい事実をそのままには認めたくないという心理に発すると考えることもできるのではなかろうか。

冷静に誹謗中傷と対峙し、理不尽な告発によって自分の生命まで失うこととなっても動じず、従容と毒杯を仰ぐソクラテスの姿は、アパテイア（泰然自若）を徳として重視したのちのストア派にとって、アパテイアの究極の体現者とみなされた。他方、ルサンチマンの精神構造こそがこの世界のありようを根底的に歪めていることを問題にし、それを哲学的に解明することに精力を注いだ

――そこそこ蝿叩きにも興じながら――ニーチェとの差は、距離の差である。

ニーチェは著作の中でしばしば「距離の情熱 Pathos der Distanz」という言葉を使うが、距離とは高貴な人間と卑俗な人間との距離であり、人間は平等ではなく、その存在のありようには位階があり、その距離をわきまえることが高貴な人間と卑俗な人間双方にとって幸福の実現につながると考えている。ルサンチマンを語り、距離の情熱について語るニーチェにとって、この問題が抜き差しならないものだったからこそ、彼の哲学の基軸となった。ソクラテスにとって、その問題はさほどのものではなかった。たとえ誹謗によって自分の命が失われることがあったとしても、である。

この二人の違いは、ニーチェと彼の誹謗者との距離と比べて、ソクラテスと彼の誹謗者との距離の方がはるかに大きかったことを意味している。犬にほえられることで気を病む人間と、犬ごときのすることに何とも思わない人間との差[21]、そしておそらく花の芳香に誘われる人間と腐敗臭に過敏になる人間の差である。そもそもソクラテスにとって距離が近いか遠いかなどという段階的差異などない。正か不正か、真か偽か、百かゼロか、だけである。自分が百の側に立っていると感得されればそこに安んじ、それ以外のことは何も望まないのである。より正確に言えば、正や真の側に立っているということ以上にそれを超える価値として望みうるものは何もないので、それ以外のことは何も望みようがないのである（命を長らえることも、それを超える価値とはならない[22]。どのように生きたかが重要であって、どれくらい生きたかは意味をなさないからである）。

さらに言えば、すでに言及したように、ニーチェがギリシャ的美風にもとるとしたソクラテスの弁証法的手法の本質的特性は、強い者に対する復讐の一形式、つまり怨恨を内に秘めた賤民が手にする武器であるとする彼の評価は、額面どおりに受け取る訳には、なかなかいかない。ソクラテスの問答法にニーチェがルサンチマンの臭いを嗅ぎ取ったという事実に表れているのは、公平な目で見て、むしろニーチェ自身のソクラテスに対する引け目やコンプレックスであると考えることも不可能ではない。ニーチェは到底太刀打ちできないソクラテスと誹謗者との距離の大きさに、その事実を打ち消すべく、ニーチェ自身が最も嫌う価値の逆倒を自ら行ったのではないかとさえ疑いたくなる。先に触れたように、アテナイ市民のソクラテスに対する嫉妬心をヘーゲルが正当化したことも、自分の中に起こったソクラテスに対する嫉妬心をおぼろげに感じ取ったヘーゲルが無意識裡に自己正当化しようという意図が働いたのだと解釈するなら、穿ちすぎであろうか。

先に論を保留していた、怒りという感情を全面否定する論拠としてセネカが取り出したプラトンの「善き人は害さない」（本書16頁）について、ここで語ろうと思う。『国家』で最初の本格的な議論が展開されるのは、第一巻でソクラテスとポレマルコスとの間で交わされる正義をめぐる対話である。「借りているものを返すのが正しいこと」というシモニデスの言葉を起点として、友人には利益を、敵には害悪を与えることが正義であるというポレマルコスの主張に対して、ソクラテスは、人間は害されると人間としての善さは前よりも悪くなる、害された人間は前よりも不正な人間となる、ところで音楽家が音楽の技術によって人を音楽の才なき者とすることができないように、正しい人間がその人の正義によって人を不正な者にすることができるだろうか、害するとは善き人のはたらきではなく、その反対の性格の人、すなわち不正な人のはたらきなのだ、と論駁する（『国家』335B-335D）[23]。堂々たる賢者の論である。だが並の人間には、そのような賢者の振る舞いは相当に困難であろう[24]。崇高すぎる正論は、その域に達しない者には愚論に近しいものと映ることもありうる[25]。否定的感情を生産的創造的エネルギーに換えるニーチェの教えもまた、いまだ賢者の境地に届かぬ者にとって充分に賢明な要素を含む次善策である。ここでも高邁さの点で、ソクラテスとニーチェの距離の差は小さくない。

ソクラテスの弁証法的手法とは怨恨を内に秘めた賤民が手にする武器であるとのニーチェの指摘に対して、もしソクラテスがニーチェの面前にいたら、苦笑いしながら、こう答えるのではないだろうか。「でも、僕は単に事を荒立てるような話し方をして相手を感情的にさせ、論理的に物事を論じることが難しくなることを避けたいがためにこうした控えめな話し方をするのであって、別にニーチェ君、君が考えるような卑屈な理由からではないのだよ。だって僕には誰に対しても卑屈になる理由などないからね。誰かが間違ったことを言うことで僕を屈服させることなどできないし、卑屈な気持ちにさせることもない。また逆に誰かが正しいことを言って僕を論破するのなら、それによって僕が卑屈になることなどなく、むしろ正しいことを気づかせてくれたと、その人に感謝するだろうからね」と。

後世の人間がソクラテスをめぐって「賢者は害を被らない」[26]ということを盛んに論じることになるが、間違いを指摘されたからといって傷つくことなどないのは無論のこと、金品や社会的地位をめぐる不利益を受けたとしても、元々そのようなものは眼中にないので、その不利益を害として捉えることもないし、毒杯を仰ぐことすらソクラテスにとってさほどの害として認識されていなかった――それを疑うのは本質と末梢との区別ができぬ者だけである――ことは、獄中のソクラテスに逃亡を勧める友人クリトンに対して、そんな行動はナンセンスでしかないことを諄々と説き聞かせるその揺るぎようのない堅固な論理性で明らかである（『クリトン』46B-47A,50A-54D）。

ニーチェの反ソクラテスの姿勢は処女作『悲劇の誕生』ですでに鮮明である。ニーチェは、ソクラテスの最期について触れて、「彼が死におもむいた安らかさは、饗宴の席を去る彼の淡々とした気持ちと同じであった」（『悲劇の』P101/S.91）と述べ、死にゆくソクラテスと、しらじらと夜が明けかかる払暁に最後の酒客として酒宴の場を去る彼の姿（プラトン『饗宴』223CD）をだぶらせた描写は、ソクラテスを批判する文脈で書かれたものであるにもかかわらず、美しい。ヘーゲルの批判的論点がソクラテスによる共同体的秩序の解体にあるなら、ニーチェの場合はソクラテスによるディオニュソス的本能の解体がそれに当たる。ニーチェは、澄み切った境地で死を受け入れるけちのつけようのないソクラテスの最期を、ソクラテスが論理的天性が過度に発達した「異常な天性」「欠陥による怪物」(『悲劇の』P100/S.90)であるがゆえに可能となったものとしてけちをつける。意識的認識と本能的知恵を対置させ、ソクラテスの場合、意識よりも本能(ダイモーンの声)が批判的・警告的役割を持つことを「怪物的な欠陥」(同P100/S.90)と見たのは、ニーチェ自身が人並み以上に本能的知恵の側の人間であり、本能が創造と肯定を、意識が批判と警告を担うタイプの人間であったからにすぎない。意識的認識が批判的・警告的役割を持つのが必ずしも人の標準ではなく、意識的認識が創造と肯定を、本能が批判と警告を担うソクラテス的類型は平凡な水準でなら世の中にいくらでもいる。話を簡単にして言うならば、右脳に秀でた人が左脳に秀でた人を異常だと言っているようなものである(もっともこの脳の機能分布の二分法は根拠のない俗説のようではあるが)27。イエスですら「ただの人間」であるという視点を失わなかったニーチェが、ことソクラテスに関しては、なぜこうまで感情的に構えるのか、これは注視すべきであろう。

だがニーチェのソクラテス批判が知の最深奥部の問題に触れるものであることも、また確かである。『悲劇の誕生』で「生存と世界は美的現象としてのみ是認される」という命題が二度繰り返されるが(P53,167/S.47,152)、けちのつけようがあるのは、ソクラテスと美との関係である。ただ、これは極めて重大で、あだやおろそかには論じられない問題なので、本書とは別の機会を待ちたい。

ヘーゲルのソクラテスへのいちゃもんにも同様の心理的背景があるように思える。ソクラテスは、死線をかいくぐった経験を持つ人間であるという点で、ヘーゲルやニーチェのような「ただの哲学者」ではなかった。彼はペロポネソス戦争で三度戦役につき、勇敢な戦士として活躍したことが記録されている。無論ボタンを押して済む戦争ではなく、肉弾をぶつけ合う戦争である（ニーチェにも従軍経験はあるが、彼の場合、一度目は一八六七年志願兵として騎馬砲兵隊に服務する訓練期間中、乗馬の際の事故による怪我で五か月で終了した。二度目は一八七〇年に看護兵として――すでにスイスの大学に奉職していたため、兵士としての従軍は許されなかった――前線からの傷病兵の輸送に携わるが、伝染病に罹患し、これも四週間で終了している）。さらには、すでに触れた三十人執政期における命令無視、アルギヌサイ沖海戦をめぐる裁判での反対意見など、平時の市民生活においても命がけの態度表明を繰り返している。ここに端的に表れているのは「実存」という問題である。おそらくヘーゲル的体系性には最もなじまない哲学的観点であろう。世界精神の運動というヘーゲルの壮大な物語は、すべてを包摂し、すべてをその中に安置するかに見えるが、実存という非形而上学的問題はそこには回収しきれない、というより回収してしまっては意味をなさなくなるものである。しかもヘーゲルを一挙に「ただの哲学者」にしてしまいうる観点という意味で、ヘーゲルにとって都合も気味も悪いものなのだ。ソクラテスの姿が我々に突きつけているのは、アルベール・カミュの『不条理な論証』の言葉を借りれば、あなたの中に「死に到るまでつらぬかれた論理が存在するか」[28]ということなのだ。

カミュは、人生が生きるに値するか否かを判断することが哲学の根本問題に答えることであるとし、「存在論的論証の結果を理由としてひとが死ぬのに出会ったことがない」（同12頁）と述べる。自分の生命が危殆に瀕するや、ガリレオは地動説をやすやすと撤回した。カミュに言わせれば、ガリレオの判断は当然の話で、彼の発見した科学的真理は命を懸けるに値しないものだったということなのだ。精緻な学識に基づく講壇的弁証法など遊戯にすぎず、「本質的な問題とは、ときにひとを死なしめるかもしれない問題、あるいは生きる情熱を十倍にもする問題」（同13頁）であって、それを判断するのはその問題がその人に取らせる行動であると言う。なぜなら「真実だと信じていることがその行動を規定するはずだ」（同17頁）からである。そう書いたカミュ自身、ただの口舌の徒ではなく、上記の論を書く以前にナチスドイツ占領下のフランスで命を賭して地下出版活動に身を挺していた。

先人たちの哲学的センスの欠如をしばしば指摘するヘーゲルが、ニートハンマー宛の手紙で馬上のナポレオンに世界霊魂（Weltseele）の顕現を見たと書いた事実に表れる彼のセンスは、どう見るべきなのだろうか？　嘆息する他ない。抑圧的な専制体制が久しく岩盤のように強固に支配する後発ドイツ諸国で、先進的な隣国フランスで起こった革命が希望の光と捉えられ、ナポレオンの軍事的席巻がドイツの旧体制を押し流し、革命の成果が自分たちにも波及するものと異様な高揚感に浸されたことは、このヘーゲルの例、『エロイカ』を献呈しようと一時的に考えたベートーヴェンの例など、想像に難くない。だが小男だったナポレオンが騎乗肖像画ばかりを描かせたという一事をもって、「センスのある」気の利く大人であれば、彼がお里の知れた男であるということはすぐに察しがつくのである。当時そのような発明があれば、金正日と同様、彼もまたシークレットブーツをはいたことだろう。戴冠した時点で彼という人物の真贋は歴然と知れることになるのだが——そこでベートーヴェンは献呈の辞を破り捨てた——しょせん偽と虚の上に自己像を築き上げようとする人間でしかなかった。革命とは本来、民衆の平時の生活の安寧、平安、興隆、充実を目指すものであり、非常時から平時へのソフトな落着のヴィジョンやノウハウを持たない者は、発生源が異なるだけで、専制国家の圧政と似たような苦難を民衆にもたらすだけとなる（いや、正確に、革命の性格にとってより本質的な言い方をすれば、物理的革命の段階から、銃を納屋の奥にしまい、代わりに鍬を、なかんずくペンを取って遂行される革命の段階に移行しなければならないということなのだ）。戦時にのみ自分のなすべきことを知り、平時の社会がどうあるべきかを知ることのないただの軍事的天才は、破局に至るまで戦線を拡大するしかない。同種の無意味なことをやったアレクサンダーもヘーゲルの賞賛の対象である。彼らを世界霊魂の顕現と見るヘーゲルのうぶな短絡は、彼自身が実際の戦場を知らないということと濃厚に関係していると考えられる。世界を巨視的に捉えるばかりで実際の戦場を這いずり回る一兵士の目に世界がどう映るかなど、もとよりヘーゲルの眼中にはなかろう。おそらく無学な一兵士の見る世界像と自分の思い描く世界像とが同じ世界認識の一つの視点という意味では等価であるなどとは、さらさら考えないのだろう。実存という観点とは無縁な哲学者としての資質がここにも表れている。

哲学者とはどういう人間をいうのかというプラトンの『国家』で延々と続く議論は、第六巻第二章でとりあえずの結論に達する。哲学者の性格の一つとして、「壮大な気宇を持つ精神、全時間と全存在を観想するほどの精神、そのような精神の人が、この人の世の生を何か重大なものとみなすというようなこと」(『国家』486A)は考えられないとし、「死を何か恐ろしいものと考えたりすることもない」(同486B)と、ソクラテスは語る。通常であればこの種の理想論は苦笑いするしかないが、ソクラテスに対して苦笑いは許されないし、理想論と片付けることも許されない。彼自身がまさに事実その通りの人間だったのであり、それを書いたプラトンは実際に自分の目でそれを見ていたがゆえに、こともなげにそう書いたのである。幸か不幸かほとんどの哲学者は、自分の命か思想かの二者択一を迫られる状況を経験することなく、生涯を閉じる。したがって彼らがソクラテスのいう真の哲学者か、単なる講壇哲学者かは、分明とならずにすんでいる。

随分いろいろ回り道をしてきたが、そろそろ本題に入ろう。ニーチェが批判するプラトン哲学の形而上学的性格とは、実際どのようなものであったのか、その批判は正鵠を得ていたのか、これについても、やはりニーチェの難くせから解き明かしていこうと思う。イデアは変化することなく自分と同一であり、不滅であり、生成しない、これに対して、物質的事物は変化し、生成したものであり、消滅するとして、認識の対象を二分するものである[29]という彼のプラトン哲学の理解は、ごく一般的な理解をそのまま踏襲したものである。プラトンは「知識および知識が結びつく概念規定はただ非感覚的事物にのみ関係を持つ、という見解に達した。そしてかかる対象を彼はイデアと名づけた」（『古典ギリシアの精神』58頁）と、ニーチェは考えた。

問題はその先である。「彼は純粋な概念の中で生き、もはや眼によって見たり聞いたりはせず、多くの人々の尊重するものをもはや評価することもなく、現実の世界を嫌って、その現実軽視を世に弘めようとつとめる」（同68頁）。プラトンのイデア論を「現実を嫌って」「現実軽視」などの彼岸主義と結びつけることがニーチェの――そして多くのプラトン論者の――最大の誤りである。プラトンが彼のイデア論に到達したのは、とりもなおさず現実を重視したからに他ならず、ヨハネによる福音書第3章第16節[30]をもじって言えば、イデアという荒唐無稽な話を我々に賜るまでに、彼はこの世を愛したものうたのである。多くのキリスト教徒が現実を軽視し彼岸に救いを求めることによって、イエスという愛すべき若者が出現した真の意味を裏切っているように――彼らは自分たちが救われるためなら、この無垢な若者を何十回でも十字架にかけるのをいとわないだろう――自分たちの見たいものだけをプラトン哲学の中に見ようとするアウグスティヌスら怯懦な心性をもった後世のキリスト教神学者たちが、現実と闘うためのプラトンのイデア論を現実逃避のためのイデア論に改竄してしまったのだ。

知の不幸な断裂は、ニーチェの考えたようにソクラテス以前のギリシャ哲学者（フォアゾクラティカー）とプラトンとの間にあるのではなく、プラトンが正しいレールを敷いた後、新プラトン主義者らを経て、イエスという存在の曲解にキリスト教神学がプラトン哲学を流用することでポイントを切り替える分岐器の発明がなされ、それによって生じたと見るべきではないか。この歴史上最大の犯罪行為を明らかにする上で、アウグスティヌスよりも先に論じなければならないのは新プラトン主義の創始者プロティノス（二〇五—二七〇）である。

プロティノスは無論、凶状持ちではない。プラトンに悪意を持つ意図的歪曲者でもなく、プラトンを崇敬し、プラトンの使徒的存在を自認し、プラトンの思想を後世に正しく伝えることこそを自分の使命と考える、むしろ善意の人物であった。彼の犯罪すべては、つまるところ彼が現実逃避型の神秘的夢想家、むやみやたらと物事を抽象化することで思想的自慰にふける独善家であったことに起因している。プラトンにとってこれほどありがた迷惑な崇拝者もいなかったであろう。ちょうど「我よわき時に強ければなり」[31]とする弱者による価値の逆倒の典型であるパウロがイエスにとってそうであったように。

筆者が不思議でならないのは、プロティノス的に変質したプラトン哲学がその後の哲学的伝統の中で特に疑問も持たれず、やや極端なことをいうプラトン派という捉え方にとどまり、プロティノスとプラトンの思想上の決定的違いが認識されないままプラトン哲学の正統的継続の一環とされ、その流れの中で悪しき形而上学の淵源がプロティノスにありとされるのではなく、プラトンに帰責されるという冤罪が現代にいたるまで放置されていることである。

本書冒頭でプラトンの形骸化した誤った理解をニーチェは意図的に踏襲していると書いたが（本書10頁）、どうやら意図的などではなく、本心からその理解を真に受けていると取るのが正しいのかもしれない。何しろ五二九年のユスティアヌス帝の異教弾圧政策[32]によるアカデメイア閉鎖以降、プラトン哲学の東方キリスト教会やイスラム圏への伝播、ルネサンス期のプラトン派の再興、そしてドイツ観念論に至るまで、プロティノス的に変質したプラトン哲学の受容は連綿と続くのであり、文献学者ニーチェを育成した一九世紀ドイツのギムナジウムを含む教育・学術環境においてもまた、その汚染されたプラトン理解を前提とした教育や学術論議が行われていたのは想像に難くないからである。

やや脇道にそれるが、自説の体系化を目指さなかったプラトン——体系性にこだわることなど彼にとって児戯に等しいものでしかなかったことだろう——に対して一応の体系性の外観を持つプロティノス（もっともこれはプロティノスその人ではなく、弟子のポルフュリオスの編纂に基づく体系性ではあるが）の仕事の在り方が、プロティノスへの後世の過大評価につながったのではないかと推測する。哲学従事者の中には、体系性というものに幻惑される傾向がある人々が、かなりの割合でいるように思う。体系的である（まとまっている）学説は優れたもの、体系的ではない（まとまっていない）学説はそれより劣ったものという暗黙の前提を信じている人々が多いのではないか。

そのような前提は、もとより疑うべきものである。現実の多様性とは広大無辺なものであり、体系性というおもちゃ箱には入りきらないものが必ず存在し、むりやり押し込めようとすれば人形の脚をへし折る必要がある。その時点で人形は本来の姿とは異質な存在と化している。この世界を正しく認識するために考え出されたはずの哲学体系が、それ自体が自己目的化し、体系というものに拘束された思考が独り歩きし、逆に体系の正当性を維持するために、体系にそぐわないものを認識を阻害するもの、認識にとって無価値なものとして、無きがごときものへと貶めるという倒錯がしばしば行われるのである。

この倒錯は怠惰という悪徳と関係していると思われる。非体系的学説はその学説を自分の頭の中で整理する作業が必要となり、その作業を厭う者、またはその能力に乏しい者は、非体系的学説を嫌い低く評価する。だが逆に、自分で自分の頭の中のタンスの引き出しに整理する作業を要する学説は、その一手間かかる不便さによって他人の思惟をあらためて自分の中で内在的に生き直す作業につながりやすい。それは思想が本当に自分のものとなるために、どうしても必要となる作業である。体系的で整理された学説はろくに検分もせず引き出しに丸ごと放り込んで、もうわかったつもりになってしまいがちである。どういう思考経路を経てそうした抽出物が出て来たかを自らたどることなく、数学の公式を丸暗記する中学生のように、既製品として手に入れた哲学的定説を無反省に、既定事実として、つまりは権威として用いるのである。ちなみにニーチェやアドルノがコンステラツィオーン（Konstellation 布置、星座的配置）と呼ばれる記述形式を取ったのは、体系的記述が体系維持に不都合な思考の暴力的排除を招きやすいことへの警戒の意味もあったはずである。星と星の間に線を引く作業は先人の哲学的言説の受容者が自分でしなければならない。そしてどのように線を引くかは自由である。的確に見事な星座を描く受容者もあれば、愚かしい作図しかできない者も当然出てくる。

人間の脳細胞は、そもそも積み上げられたレンガのようにはなっていない。個体が重要と考える情報同士のネットワークを密にするために、縦横無尽に神経細胞が様々な方向にシナプスを伸ばす変幻自在でゆるやかな構造を持つという点で、体系的というよりもコンステラツィオーン的構造に似ている。プラトンの記述法も体系的ではないが、さりとてコンステラツィオーン的記述を意識している訳でもない。ただプラトンの対話篇に特徴的な場面的進行、すなわちいきなり哲学談義が始まるのではなく、登場人物同士が道や広場で出会ってよもやま話を始め、歩きながらか道端に座るなどしてから程なくして議論が始まるという形式は、一般的に哲学的考究にとって無駄な部分と取られがちかと思うが、実は無視できない意味を持っていると考えられる。プラトンの哲学者としての優れた感性がそうした部分を必要としたと見るべきであろう。そこに現れているのは、抽象と具体は不可分の関係にあり、抽象と具体の往還のないものは、もはや哲学とはいえないという非

(反)プロティノス的信念である。

プラトンとプロティノスとの違いは歴然としたものがありすぎて、筆者には両者が同じ系列の思想として一括りにされてきた歴史的経緯が不可解でならない。プロティノス思想に顕著なのは、その極めて彼岸的宗教的な性格である。プロティノスとしては、目に見えない世界にあるとプラトンの言うイデアを強化・徹底する意味で、それをさらに宗教的神秘的高みにまで押し上げたつもりでいるのであろうが、真理への学的要求がそもそも学的営為を不可能にするまでに哲学を神秘化・宗教化することは、非プラトン的であるどころか反プラトン的である。

プロティノスは、できるだけ現実から遠く離れれば離れるだけ、その分真理に近づくと勝手に思い込んでいる節がある。身近な具体的事実から出発して、他者との対話の中で順次相手との了解を取りつつ、真理を対話者とともに模索するソクラテス／プラトンの姿勢に対して、プロティノスの場合は、彼一人の頭の中に浮かんだ真理が断定的・権威的に、しかも無前提・無根拠に「我を信ぜよ」とばかりに上から振り下ろされる。まるで彼がプラトンのイデア論を流出論的にとらえたように、真理はプロティノスの頭からわれわれ下々の頭へと流出するとでも言わんばかりである。

対話者と共に一つ一つ事実を確認し、論理的整合性の下で了解し合いながら論究を進めていくソクラテス／プラトンの姿勢は、知が秘儀ではなく公共的なものである近代につながる。他方、論理的考察を装いながら最終的にはピュタゴラス的密義と同様の超論理性――つまりは非論理性――に行き着くプロティノスの言説は、古代への退行である。彼岸主義と現世忌避とに密接に関係する精神と物質、魂と肉体とを対立的にとらえる思考様式は、プラトンに先立つ紀元前六世紀のオルフェウス／ピュタゴラス的教義にすでに顕著であったが、プラトンのイデア論の彼岸性とは、感覚的認識と理性的認識との対立という議論の枠内で強調されるにすぎず、かならず議論が現実へと回帰する回路が確保された上でのものであった。プロティノスの場合は、ただひたすら肉体を忌み、現実から遁世的に遊離すれば、神的実在、つまり理性をも超える超越的真理それ自体へ近づくという独断的信念が露骨に語られる。露骨に、恥ずかしげもなく、自慰行為を見せつけるかのように。注意してほしいのは、『ツァラトゥストラはかく語りき』の「背世界者たち」および「肉体の軽侮者たち」で、ニーチェ自身はプラトンをも含めたつもりでこの種の類型を批判した訳だが、背世界者たちの諸特徴は実際にはプラトンにはあまり当てはまらず、プロティノスにはことごとく当てはまるということである。

ソクラテス／プラトンによって神的真理の認識を可能とすると考えられた理性は、アリストテレスによる学的厳密化を経て、その適用範囲が学的真理の認識へと限定され、のちのアカデメイア派も理性を真理認識に耐えざるものとして懐疑主義に傾斜する流れの中で理性への信頼は弱まり、ローマ帝政期にはギリシャ哲学もまた宗教がかった超理性的神秘主義によりかかることになっていった。プロティノスら新プラトン主義者は、この衰弱した理性を復権し、再度理性が神的真理をとらえうる高度な理論を打ち立てたと評する者がいるが、プロティノスが次のように主張する以上、ただの悪い冗談にしかならないのである。「かのもの［〈一者〉のこと——筆者］の会得は、学問的知識によるのでもなく、また他の知的対象のごとく、知性の直知によるのでもない。それは知識以上の直接所有の仕方によるのである。しかるにもし魂が、何かの知識を取り入れるとするならば、そのばあいには魂は、一であることから離れて立つの悩みを受け、全般的には一つでないことになる。なぜなら、知識というものは、一つの言論《ロゴス》であって、言論はすなわち多なるものだからである。したがって魂は、数多に堕して、一体性を逸脱することになる。それゆえに、すみやかに知識を超えて行かなければならない。決して一体性の外に踏み出してはならない。知識と知識の対象になるようなものから離れて立たなければならない。否、すべての他のものから離れていなければならない」[33]。彼自身が上記の超理性的神秘主義の一類型にすぎず、ホールにボールを入れることで勝敗を決するゴルフで、誰もが小さな穴にボールを入れようと苦心惨憺している傍らで、ホールの上を越えてはるか山の彼方までボールを飛ばして喜んでいるプレイヤー、どこまでも舞い上がる糸の切れた凧でしかない。

「知識以上の直接所有」とは何をどうすることなのか。プロティノスは自分にはそれができるというのか。人間という「多」の集積でしかないプロティノスが、「一者」がそのようなものであることをどうやって知ったのだろうか。どうして「多」の集積である人間が「一者」との合一が可能となるというのか。それはプラトンその他のまっとうな哲学者たちが考えたような、「神の世界を目にすること」ではなく、自分が神そのものになるという誇大妄想狂的主張である。「一者」をそのようなものとして説く彼自身の言論を含めて、言論の正しさをロゴス以外の何で確証することができるというのか。

カントに倣って言えば、我々は超越的概念によっては、存在者中の存在者というようなものを知りえないし、またその無条件的必然性にいたっては全く知りようがないのである[34]。カントが『純粋理性批判』第二部「先験的弁証論」で「超越的原則」と呼んだ明らかな形而上学的誤謬である。「先験的仮象は、批判の警告を一切無視して、カテゴリーの経験的使用の限界外に我々を連れ出し、純粋悟性の拡張などというごまかしで我々を釣っているのである。我々は原則を区別して、その適用があくまで可能的経験の範囲内にとどまるものを内在的（immanent）原則と呼び、これに反してその適用が可能的経験の限界を超出するものを超越的（transzendent）原則と名づけようと思う。［……］超越的原則は、可能的経験の一切の境界標の取り払いと、また境界線というものをまったく認めないようなまるきり新しい領域の僭取とを我々に要求する現実的な原則なのである。それだから《transzendental》（先験的）と《transzendent》（超越的）とは同一ではない」（『純粋理性批判（中）』P14-15/S.309-310）。

先験的弁証論というのなら、プラトンの想起説やイデア論もそこに含まれるのではないかと指摘する向きもあろう。それはその通りである。だが、プロティノスが境界線というものを認めず、境界を越えて自分が語ることが許される領域を勝手に僭称する超越的（transzendent）な言説であるのとは違って、プラトンの場合は理性使用の主観的規則や格率を含んだ超越論的（transzendental）な言説であり、人間理性に必然的につき纏う除きようのない弁証論なのである。先験的批判によって適切に抑制されることのなかった時代の仮象を用いた言説であるということである。二人の違いは、誤って境界線を踏み越えてしまった者と、踏み越えることが良いことだと考える者との違いである。

想起説やイデア論は悟性的判断においては誤謬・錯覚であるのは間違いないとしても、無意味かどうかは、また別である。なぜならカント流にいえば、こうした理念は、経験的認識をより普遍的で包括的な全体へと統制しようとする「統制的原理」としての重要な役割を持つからである。さらに言えば、プラトンが想起説やイデア論を語ることによって、カントが先験的弁証論に対する批判的規定とした主観的原則を客観的原則にすり替えているということが、プラトンに当てはまるかどうかは微妙なところである。彼の場合は、自分の言説が先験的弁証論であること自体を客観視している節があるからである。つまりうっかり誤って境界線を踏み越えたというよりも、境界線を踏み越えた上で語るとするとこんなことが言えるのではないか、という語り方が見えるのである。あくまで断定的ではなく反省的に、絶対的ではなく限定的に、真理そのものと詐称するのではなく、真理への考究を助ける補助線として、プラトンはそれらを語るのである。二人の違いは、自分の先験的弁証論に淫する者と醒めている者との違いとも言える。

プラトンの『メノン』で召使の子供に幾何学の問題を解かせ、知への到達が学びによるものか想起によるものかについて議論がなされる場面がある。その子が誰も幾何学を教えたわけでもないにもかかわらず正しい答えに到達できたとしてソクラテスは想起説を主張し、「もしわれわれにとって、もろもろの事物に関する真実がつねに魂の中にあるのだとするのならば、魂とは不死のものだということになるのではないだろうか」（『メノン』86B）と主張する。魂の不死説と想起説は一体のものであり、それらはイデア論とは不可分の関係にある。だが、その直後に続く会話で、そうした考え方にはなるほどと思わせるものがあるというメノンに対してソクラテスはこう言うのである。「そう、じつはね、ぼくは自分でもそんな気がするのだよ、メノン。ぼくは、ほかのいろいろの点については、この説のためにそれほど確信をもって断言しようとは思わない。ただしかし、ひとが何かを知らない場合に、それを探求しなければならないと思うほうが、知らないものは発見することもできなければ、探求すべきでもないと思うよりも、われわれはよりすぐれた者になり、より勇気づけられて、なまけごころが少なくなるだろうということ、この点についてでは、もしぼくにできるなら、言葉のうえでも実際のうえでも、大いに強硬に主張したいのだ」（『メノン』86B-C、傍点筆者）。自分の説を確信しているとは言いがたい、この控えめな発言を、『メノン』が初期対話篇に属し、中期の『国家』や『パイドン』等のイデア論と比べて未だ未熟な段階にあるがゆえのものとする見方があるが、そうした評者はこの発言を消極的意味合いでしか捉えていない。この発言はむしろ、蓋然的推論でしかないものを確証された事実であるかのように語ることのないプラトンの知的誠実の現れとして刮目すべきなのである。

実際には中期の『国家』においても、プラトンのこの姿勢は変わっていない。アリストテレスを憮然とさせる程度に論理的にちぐはぐしているにせよ、目に見えない世界にあるとする真実在について確信的に語ると考えられているプラトンのイデア論は、一般に考えられているほど確信的でもないし、いわんや独断的であることなど毛頭ない。善のイデアこそ学ぶべき最大のもの（『国家』505A）として、善とは何かの議論で提示された有名な三つの比喩のうち、最初の「太陽の比喩」で「さしあたっていまのところは、〈善〉とはそれ自体としてそもそも何であるかということは、わきへのけておくことにしよう。なぜなら、それをとにかくぼくが何であるかと思うかということだけでも、そこまでいま到達するのは、現在の調子ではぼくの力に余ることのように思えるからだ」（『国家』506D-E）とソクラテスは述べている。自分でもよくわかっていないと、プラトンはソクラテスに正直に語らせているのである。それは、想起説がそうであるように、そう考えると物事にうまく説明がつくのではないかという蓋然的概念でしかないのだから。プロティノスの独善性・独断性とは明らかに対照的である。

『パイドン』はプラトンの著作の中でも例外的にプロティノスに通じる彼岸的遁世的傾向が強い作品と考えられているが、ここにもやはり留保的な発言が出てくる。この対話篇では哲学者とは死人同然の生き方をしている者、生前から死の練習をしている者という考えをソクラテスが述べ、露骨に肉体を蔑視するオルフェウス教の教義を踏襲した意見が展開される。その日の日没に死刑を控えたソクラテスが死は哲学者にとって望ましいものであるとする理由として、知恵への接近の障害となっていた肉体を脱することができるということ、この世を支配する神々とは別の賢くて善い神々のところにこれから行くということ、この世の人々よりはより優れて死んだ人々のもとに行くことなどを挙げている。ソクラテスはそれをあくまで希望として、つまり死とはそういうものであってほしいという意味で語っており、「もっとも、この点は僕はあまり強く断言するつもりはないが」（『パイドン』63B-C）と留保を付け加えている。

注意すべきは、この例外的な彼岸的遁世的傾向が強く現れるのはソクラテスが死を目前とした段階での会話を扱う作品だという点である（『ソクラテスの弁明』40C-41Cしかり）。これを引かれ者の小唄として解釈するのはソクラテスに対してあまりにも失礼だろうし、現世への恨みつらみの感情と取ることもソクラテスに対して不当な理解にすぎるが、現世においてソクラテスが「とまれ、汝はいかにも美しい！」[35]と叫ぶ瞬間などついになかったという事実と、ソクラテスが死を目前とした最後の友人たちとの対話が彼岸主義的様相を呈することとは充分な関係があると考える。「ソクラテス以上の智者はいない」というデルフォイの神託を受け、まさかそんなことはあるまい、自分以上の智者がどこかにいるはずだと、ありとあらゆる高名な（自称）智者たちを訪ね歩くが、結局誰一人として智者などではなく、どいつもこいつも自分が何も知らないということすらわかっていない愚かしい連中ばかりで、その時のソクラテスの孤独と絶望はいかばかりかと、心中を察するに余りある。この世に正義の実現はなく、真の知を持つ者は誰一人としていないとしても、痴愚の混沌こそがこの世を統べる摂理であるなどという結論にソクラテスが納得できようはずがない。

「この世を支配する神々とは別の賢くて善い神々」が来世にいるはずだという言い方は示唆的であるが、仮にこの世の現実に顕現することはないとしても、どこかに必ず自分が考える真善美の原理があるはずだという信念が、死を前にした対話に彼岸主義的相貌を与えたと考えることができるだろう（来世への希望は、ソクラテスの「エリ、エリ、レマ、サバクタニ」[36]であったとも言えよう。イエスのこの発言が単なる恨み節などではなく、神の栄光をたたえる彼の真情と矛盾していないように、ソクラテスの来世に希望を託す発言が、即、彼の現世否定とはならないのである）。現実との対決の末に生じるこのようなソクラテスの心の襞に添うこともなく、ただ徒らに話を抽象化することでプラトンの思想をより高度なものとしたと嘯くプロティノスは、現実と対峙することなく、ただ回避・逃走しているだけである。プラトンの哲人王構想、三度のシケリア渡航という実際の行動を見るだけで、プラトンが現世否定的であるなどという捉え方は不可能であることは自明である。現実では叶えられなかった真善美がせめて来世では叶うのではないかと処刑のその日に友人たちを交えて自分に言い聞かせるように語るソクラテスの真情を慮ることもなく、例外的に発せられた彼岸主義的言説に飛びつき、これぞプラトン思想の神髄と勝手に決めつけて、際限もなくその方向に話を進めたプロティノスの罪は大きい。

現実とかかわることには必ず絶望や傷心が伴うのであり、プロティノスがただひたすら遁世的であるということが暗示するのは、傷つくことから逃走したいという、彼という人間の惰弱性、傷つくことへの耐性のなさである。なぜなら論理を超えた意味不明な言説をひたすら垂れ流しているかぎり、まともな議論の取っ掛かりとなりうるものは何も提供しないままなので、その論の正誤・真偽を精査しようがなく、他者との間で理詰めの議論を避けることができ、傷つく心配がないからである。魂の純化を装いながら世間との接触を避けて心の中の修道院の壁の中に逃げ込むことが、彼の思想的特徴を生んでいる。知の公共性を忌避する姿勢から帰結するもの、それはもはや他者との共通了解を可能とするための哲学ではなく、信じるか信じないかの宗教である。この思想と体質を引き継いだアウグスティヌスは、さらにひどい。

アウグスティヌス（三五四―四三〇）は、青年期にマニ教、ギリシャの数学的自然科学、アカデミア派の懐疑主義などの間を揺れ動く不安定な内面状態にあった。ローマからミラノへ移って三八六年にプラトン派の書物に出合ったことが彼の思想を決定づける一大転換をもたらす。アウグスティヌスの『告白』7・9・13に「ギリシャ語からラテン語に訳されたプラトン派のある書物」とあるのは、ローマの修辞家マリウス・ヴィクトリアヌス訳によるプロティノスら新プラトン主義者たちの書物のことである（「新プラトン主義者」は一九世紀に作られた呼称なので、アウグスティヌスの著作にこの言葉が現れることはない。彼の使う「プラトン派」という呼び名が、いわゆる「新プラトン主義者」を指す）。アウグスティヌスはここにヨハネによる福音書の冒頭「はじめに言葉《ロゴス》ありき」に相通じる思想を読み取り、哲学と宗教の一致の可能性を認めたのであった。多くの論者はこれを西洋哲学史上の光輝ある瞬間と捉える訳であるが、筆者は、宗教がかった哲学（プロティノス）が哲学がかった宗教（アウグスティヌス）を生み出した、後世まで長く尾を引く混乱と迷誤の始まりの瞬間と捉える。

彼は初期の哲学論集に含まれる『アカデミア派駁論』3・18・41で「すべての強情さと頑固さが死に果てて、哲学のうちで最も純化され最も光に満ちたあのプラトンの教えが、誤謬という雲を破ってその輝く顔を現したのは、特にプロティノスにおいてであった。［……］ところでこのプロティノスはプラトン派の哲学者で、人々が自分たちはプラトンと同じ時代に生きていると思うほど、プラトンとよく似ているとみなされた。しかし、時代の差がある限り、むしろプラトンがプロティノスに再び生まれ変わったと考えるべきであろう」[37]と新プラトン主義への傾倒を見せ、プラトンとプロティノスとを完全に同一視する形でプラトン哲学を受容している。これが彼にとってアカデミア派の懐疑主義を克服し、理性と信仰との一致を見る契機となった。だが、すでに上述の『告白』の同じ箇所で、ヨハネによる福音書序言と新プラトン主義との明確な相違点を繰り返し強調し、つまるところ理性を信仰の下位に置くのである。両者の相似を強調すると同時に、一方的に哲学の側には傲慢と増長の烙印を押し、信仰の側には謙虚と優しさの栄誉を与える。

続く『告白』7・9・14では「いわゆる高尚な学問の長靴をはいていばる連中は、『私は心がやさしくて高ぶらないから私に学べ。そうすればあなたがたの魂に休息が見つかるであろう』といわれるあの人の言葉に耳を傾けない。かれらは、『神を知っていながら、これを神として崇敬もせず、感謝もせず、むなしい思いにふけり、愚かな心は暗くなる。みずから智者といいながら、じつは愚かとなる』」と語られる。プラトン派への「傲慢」という評価は晩年になるほど顕著で、『神の国』ではプラトン派が言及されるたびに、ほぼ毎回批判的に語られている。プラトンの僕《しもべ》を自称し、謙虚の衣を身にまとうが、結局その言説に屈折した傲慢と増長が顕著に表れているプロティノスに着目し、アウグスティヌスがそれを範としたのは、その言説が彼自身の隠された傲慢と増長の欲望の発現を可能にさせるものであるからに他ならなかったからではなかろうか。傲慢と増長の欲望をそこに見出す対象、つまり自分の秘密を共有する同類への近親憎悪を示す点で、アウグスティヌスの場合には屈折の累乗が認められる（他人の傲慢をののしることがその者の謙虚さの証にはならないことはわかりきった話で――謙譲の衣をまとった傲慢など、ニーチェの言を俟つまでもなく、世の中のいたるところで見られるものである――、そうした者は、むしろ逆に、まずその者自身に傲慢の嫌疑がかけられるものであることを知らなければならない（そもそも理性と信仰との一致といっても、彼の言う「理性」とは、最初から信仰と一致するように審査基準が改竄された「理性」であって、キリスト教教義というイデオロギーのバイアスがかかった「理性」でしかない。物品であるならば、ＪＩＳマークのもらえない「理性」である。ある特定のイデオロギーの枠内でのみ通用する「理性」などというのは、「丸い四角」というほどの名辞矛盾であり、「理性」と名乗ること自体がおこがましい。哲学が「諸学の女王」と呼ばれる所以は、あらゆる学問の諸領域を越えて、それぞれの領野の学知にそれが真であるという相互了解をもたらす共通の根底的基盤を提供するものだからである。純粋論理の領域で成立する学知において、どの文化圏、どの言語を話す民族、どの宗教世界においても1たす1は2でなければならない。キリスト教徒には真であるがイスラム教徒や仏教徒には真ではないなどという学知が存在しないように、いわんや学知の根拠となる哲学がそうした知の制約された枠組みに従属することなどあってよかろうはずがない。

アウグスティヌスの論述は、論理的思考能力の基本においてすら疑問符がつく。『神の国』は四一〇年西ゴート族のアラリックによってローマが攻略されるという国難を契機に書かれることとなった。当時いまだ多神教を信仰していたローマ人たちが多くおり、それらの人々はこの国辱的事態をもたらした原因がローマにキリスト教が持ち込まれたことによる帝国の威信低下にあると考えた。『神の国』はこうしたローマ内の風潮に対してキリスト教擁護のために書かれた反駁の書である。

だが、冒頭の議論からして、いきなり怪しげな論理矛盾を犯している。ローマ内のキリスト教の敵対者たちはローマ勃興以来の多神教を捨てキリスト教を迎えたことがこの国難の原因とし、以前の多神教に戻ることこそが救国の策と主張するのに対して、アウグスティヌスはミネルヴァ（ギリシャにおける国家の守護神アテナに相当するローマの神。ここではアテナのことをミネルヴァと呼んでいる）を信仰するトロヤがギリシャ人に滅ぼされた例を引き、「みよ、このような神々にローマ人は、その都の保護を委ねて喜んでいたのである」（『神の国』1・3）と述べ、「そのような守護者をなくさなかったら、攻略されずにすんだであろうと考えることはなんという狂気の沙汰であろう。［……］じっさい、かれが滅びた唯一の原因は、滅びようとする神々を保護者としようとしたことではなかったか」と反論する（同1・3）。だが、これは反論になっていない。

では、キリスト教を守護者としたならば、ローマは攻略されなかったと彼は主張したいのだろうか。トロヤは正しい神を信仰しないから国が滅んだのだという論拠の刃は、そのまま「正しい神」を信仰すると称するアウグスティヌス自身に向かうことになる。三九二年にテオドシウス帝によりキリスト教が国教となってまもなく、アウグスティヌスの目の前でこの国家的災禍が起こったのである。自分で墓穴を掘るような議論である。そもそも宗教を現世ご利益的に論じること自体が宗教者としてどうなのかと疑問を持たざるを得ない。信仰をご利益的に語ってはならないという考えがアウグスティヌスにあるのならば、最初からそのように論を張ればいいだけのことである。正しい神を信じれば国が栄え、間違った神を信じれば国が亡ぶなどというのは宗教を論じる論点として幼稚にすぎる。なぜ議論が幼稚なものになるかといえば、そもそも根拠にならないことを根拠として無理な議論をしようとするからである。

『神の国』21・1以下で地獄の劫罰について論じる箇所があるが、永遠の炎で焼かれるならば人間の体は燃え尽きてしまい、限りない永遠の苦しみに苛まれるということにならないのではないかという意見があるのに対して、アウグスティヌスは、サラマンダー（火の中でも生きているとされる伝説のトカゲ）やら、孔雀の肉片の話やらを持ち出して（同21・4）、真顔で「論理的」に抗弁しようとする。地獄の劫罰という実体のないものへの疑念に対して、実体論的に反駁しようとしているのである。この小学生同士の理屈の応酬のような議論を微笑ましいとも言えるが、このような知性が西洋思想史の流れを作る一翼を担ってきたかと思うと、暗然たる思いにとらわれる。この種の議論の幼稚ぶりを古代末期という時代のせいにしたところで、何の弁護にもならない。少なくとも、さらなる古代人のプラトンであっても、著作にこのような阿呆くさい話は出てこないのである。端的に彼の知性の低さを指摘すべきであろう。それがどういうレベルで考えるべき対象なのかの適切な区分けすらできない程度の知性ということである。

アウグスティヌスの著作にたびたび現れるデモーネス（Daemones）はギリシャ語のダイモーン

のことであるが、善悪的価値判断とは無縁なギリシャ語のそれとは違って、デモーネスははなから悪い霊と決めつけられている。この頃すでに、ダイモーンはデーモン（悪魔）とされていたようである。プラトンから下ること数百年の間にどの段階でこの転換が起こったのかは筆者は浅学のゆえに知らないが、キリスト教の広まりと共に起こったと考えるべき蓋然性が高い。ヨーロッパ思想の本丸であるギリシャ―ローマではなくとも、キリスト教が東欧やロシアに伝播する過程で、もともとその土地での土俗信仰の対象であった神や精霊が、キリスト教がその地を席捲した後に、邪神や悪霊と位置づけられた例は多数あるからである。こうした現象には宗教政治的側面が強いと思うが、アウグスティヌスの場合は、政治的思惑をめぐらすというよりも、キリスト教と異質なもの、即、邪悪なものという単純な決めつけがある。いろいろ論理を駆使する議論を展開しているように見えるが、彼の場合、真偽・正誤・善悪の判断根拠が、最終的には、聖書にそう書いてあるから、に行き着くのである。

すでに見てきたように「善き人は害さない」は、ソクラテスの弁証法的論証によって論理的に帰結するものだが、キリスト教の同じような教えは「聖書にそう書いてあるから」から帰結する。ソクラテス大先生がおっしゃったことだから、その教えは守らなければならない、ではなく、ソクラテスの教えを受けて自分自身の頭で何が善きことかを自由に考えて、その結果ソクラテスと同じ結論になるのが哲学であって、他方、思考停止のまま掟としてそれを受け入れるのが信仰である。前者が自律的人間の姿であるのに対して、後者は他律的である（人間が無力で不完全であることを認め、他律の中に身を委ねる生き方があってもよいという考えまで否定するつもりはない。だが、それはあくまで宗教であって、哲学ではないことは銘記されねばならない）。そもそも「聖書にそう書いてある」ことが、キリスト教の圏外に生きる者にとって何の意味があるというのか。それはキリスト教の圏内でのみ通用する話であって、何の普遍性も担保しない。アウグスティヌスの思想がキリスト教の内輪の話にとどまるものであるのならば、我々に異論を唱える理由は何もない。内輪の者同士でそうした議論をしていればよいだけのことである[38]。だが「教父哲学」などと呼ばれて、何の普遍性も担保しないものが、普遍性をその本質とする哲学の一隅を占めるものであるかのように喧伝されるようなことはあってはならないと考える。哲学する者に求められるのは、ソクラテスを大先生として権威化し、ただその教えに対して無反省に随従することではなく、各々が一人のソクラテスとして、いかなる権威にも囚われることなく、ソクラテスすらをも批判の対象としながら自律的にものを考えることである。

アウグスティヌスはマニ教批判を念頭に書かれた『信の効用』第三章[39]で、理性によって真理に近づくのは賢者にのみ可能なことであり、愚者は権威によって信に至ると説く[40]。その権威を構成するものとしてアウグスティヌスは、奇跡と信奉者の多数であることの二つを挙げる。前者の「奇跡」については筆者は何も語りえないし、語ろうとも思わない。明らかなのは、聖書にそのような記述があるという事実だけであって、実際に何があったのかは確かめようがないからである。奇跡と呼ばれる現象が、聖書を書いた者の目にそのように見えたのか、意図的に嘘を書いたのか、事実としてではなく何らかの比喩としてそのように記したのか、知りようがない。だが、後者の、信者が多数であるという権威の要件については、噴飯ものである。大勢の者が信じればそれが権威になる、そこまでは事実その通りであるが、そうした権威が神の摂理への正しい道であるなどという主張は、愚の骨頂、馬鹿も休み休み言えと言わざるをえない。百人が主張していることの方が一人が主張することよりも正しいことである、などという保証はどこにもない。教会の権威によって天動説を真理と強弁し、百万人がそれに同意したところで、一人の知がそれを覆す。ナチズム信奉者たちに特徴的に認められた権威主義的パーソナリティーのように甚大な歴史的災厄を招いたものから、明らかな冤罪をすら認めようとしたがらない法曹界の前時代的権威主義[41]、回診の際に大名行列をしたがる医学部教授の鼻くそのような権威主義にいたるまで、あらゆる権威主義は知の敵である。さらに言えば、愚かさに由来するすべての悪の温床でもある。宗教的権威もまた、それが権威である限り知に敵対する。知は、より優れた知の登場によってのみ改変・淘汰され、知以外のものが知を制限・抹殺するのは、すべて反知性主義に他ならない。つまり哲学ではないし、哲学に敵対するものである[42]。

これらのような愚にもつかない書物が古今の名著の列に叙されてきたことは信じがたいことであ

るが、実際にそうされてきた歴史的事実が示しているのは、アウグスティヌスの思想を受容する側の者たちもまた、キリスト教のイデオロギーのバイアスがかかった者たちばかりであったということであろう。何しろ彼らのほとんどはキリスト教社会に棲息する身であったのだから、バイアスを受けるか、仮にバイアスから自由であったとしても、その言説に様々な身辺上の配慮が影響せざるを得なかったはずである。彼らの使う「神」という言葉が、アリストテレスの「不動の動者」、プロティノスの「一者」などの形而上学的な超越的存在者と同じ意味で使われているのか、キリスト教的人格神として使われているのかは、あいまいな場合が多い（無論、それらは特段に区別する必要はない、それらは同じものである、と考えていた者も多かったはずである。ただし、アリストテレスの「不動の動者」は、存在者のうちに潜在している可能性を次々に現実化していく目的論的運動が純粋形相へ至る過程の先に必然的に想定されるものとして「論理的」に語られるものであって

――もっとも経験世界でのみ確かめうる原因―結果の系列を経験を超えた領域で用いることは錯誤でしかないが、少なくとも哲学的思惟の一例ではある――「聖書にそう書いてあるから」とは異なる性質のものであることは銘記されねばならない。デカルトにおいて超越論的主観の基礎づけは善なる神の媒介によって保証されていたのに対して、デカルトの神の存在証明を批判したカントは、哲学を神の媒介なしに基礎づけたと一般に考えられているようだが、実際にはカントは完全な意味では神の首を落としてはいない。本当の意味でそれを行ったのはニーチェが最初である。カントの

態度がその点であいまいであったのは、「身辺上の配慮」が影響したケースであろうと筆者は考えている)。

キリスト教を権威として論理を超えるものとするアウグスティヌスの姿勢は、プロティノスと同様に、最初から結果ありきの論理性、つまりは非(反)論理性が現れている。両者に共通しているのは、「そう思いたいがゆえに、我そう思えり」という、デカルトが聞いたら椅子から転げ落ちるであろうような主張である。ニーチェの『ツァラトゥストラはかく語りき』「背世界者たち」の章にこうある。「かれら、己が悲惨から遁れようと欲すれど、星はかれらにとり、はるか遠きに過ぎたりき。すなわち、かれら嘆息して言えり、『おお、他の存在と他の幸福へと忍び入るべき、天の路もがな!』――ここに、かれら、己がために、抜け路と血なまぐさき飲物[43]とを捏造せり!」(P49/S.37) 果てしなく続く辛く困難な論理的考究を投げ捨て、一足飛びに真理を得ようと自分勝手にショートカットを作るのが背世界者たちである。

とりわけニーチェにとり問題なのは、それが生における苦悩を存在が罪あるものとする根拠とし、生が神や道徳によって裁かれるべきもの、苦によって贖われるべきものとする点にある。筆者が過去に書いた論文の文章を多少改変したものを再録する。

「苦悩する者にとり、おのが悩みから眼を背け、自己を喪失することは、陶酔の悦楽なり。

かつて世界は、陶酔の悦楽、また自己喪失とわれに思われき。

永遠に不完全なるこの世界、ある永遠の矛盾の写像、しかも不完全なる写像――さらにその不完全なる創造者にとっての陶酔の悦楽なりと――かつては世界が、かくのごとくわれに思われき」(『ツァラ』P47/S.35)。生はそれ自体不正であって苦悩・苦痛によってはじめて救済されるものとするキリスト教教義による苦の内面化は、ニーチェにとって倒錯以外の何ものでもなく思えたことだろう。苦すなわち罰という図式。罰とはすなわち罪を前提とする概念である。この罪を捏造するメカニズムは、生を肯定する力のない衰弱した劣悪な者たちの思惟から発するとニーチェは考えた。

生を呪う者は、当然、性も呪う。背世界者のもう一つの大きな特徴が肉体への軽侮である。禁欲的であることは、必ずしも気高さや純粋性を意味するものではない。ニーチェはそこに崇高性とは反対のもの、つまりは歪みや虚弱を見る[44]。例えばマリアの「処女懐胎」を考えてみよう。「父なる神」という呼称、信仰者から賦与されるマリアの母性性に鑑みて、神と人との間に親と子との相似関係を想起することは容易である。子供にとって両親の性行為を考えることは禁忌として作用すると同様、未成熟な自我にとってイエスの誕生に生物学的前提を想像することは禁忌となる。「想像したくないこと」が「あってはならないこと」に、さらには「あるはずがないこと」にされ、ついには「なかったこと」にされてしまう。「無原罪のお宿り」という言い方は、マリアの懐妊を清い罪なきものと聖別する一方で、われわれ人間の出生すべてに罪の烙印を押す。「自分は悪い子」とする罪と穢れの「自己喪失」が「陶酔の悦楽」へと倒錯的に結びつく。それは各人一人の問題にとどまらない。脆弱な自我とその歪みに起因する虚構が、全キリスト教徒に罪と穢れの自覚を強要する抑圧の機構を生み出す。背世界者的類型は、対自から対他への抑圧の機構を生み出さざるを得ない。天真爛漫な生への道を阻まれた鬱屈した人間は、常に自他への復讐という欲求に突き動かされるからである。[45]

洋の東西を問わず、「月のもの」があることを理由に女性を不浄の者とするのは、どこの馬鹿が言い出したことなのか知る由もないが、異性を貶めることによってしか異性への恐れや不安を緩和する術を知らない相当に屈折した者たちの発想と言えるだろう。女性差別、民族差別、人種差別、すべては、自分とは異質な存在に悪と劣等の烙印を押さずにはいられない精神の虚弱体質に由来する（ホモかヘテロかも、左利きか右利きかのような話でしかなく、一定の知的レベルに達している人間にとってはどうでもいいことでしかない。そのような事柄に色めき立って差別の理由にするというのは、知的にお粗末な人間だけであろう）。異質なものに触れた時の「驚き」や「恐れ」が哲学へ向かうのではなく、痴愚へと硬直する典型例の一つである。

アウグスティヌスは、異教徒、即、野蛮と残虐という単純な図式の発想に支配されており、後世の宗教対立・宗教戦争を醸成する下地がすでにここで顕著であるが、他方、彼もまた、本来罪でも何でもないものを罪として捉えるファナティックなキリスト教教義の犠牲者としての側面を持つ。無花果の木の下に身を投げ出し涙にくれる有名な回心の場面での彼は(『告白』8・12・28)、「罪」という文字の焼き印を押され、熱と痛みで呻く哀れな動物のようである。パウロの屈折は彼の身体障碍と無縁ではなかったのではないかと思われるが、アウグスティヌスの場合は抑えがたい肉欲こそが彼の屈折を生んだ「身体障碍」であったかもしれない[46]。

花が花粉を飛ばすのは罪深い行為なのだろうか。花はよくて人間はだめというのなら、それはなぜなのか。性とは本来、自分のおちんちんをいじっておもしろがっている童子のように、無垢なものである。それは大人の性も変わりはない。女性の胸の双穹を見て両目からハートマークが飛び出たとしても、そのようにプログラムされた被造物なのだから、そのことによって非難される謂れはない。そこから先どう行動するかは、ルールで制限しないと色々ややこしい事柄が出来するので、大人の場合は社会的存在としての制約が必要であるという違いがあるだけである[47]。もう一つは、大人の性の場合は、(特に男性は)性的欲動が攻撃的破壊的衝動と密接な関係にあり、制御不能になるまでに強暴なエネルギーを発することがある点である。それが社会の安定にとって脅威となる要素を含むので、十分に丁寧な扱いをしなければならないという違いがある。初期の『悲劇の誕生』ですでに展開されているニーチェの持論だが、アジアから流入したディオニュソスのギリシャにおける受容について、秩序・理性に反し忘我・放縦をともなう情念の原理をギリシャ人は否定・抑圧するのではなく、このあまりに人間的なものを避けられないものとみなし、予防措置として祭儀・お祭りの慣習に組み込むことによって無害化したという（『人間的な（下）』P135/S.473及び『悲劇の』P36/S.31-32）。これが古代における道徳上の自由な考え方の根底にある。適度な発散を認め、自然的性向を絶滅しようとはしなかった。強暴なエネルギーを持つ津波は必ずやってくる。巨大で堅固な防潮堤を築いて安全な高い壁の内部に人間を押し込めるのは無粋かつ芸のない話で、津波への対処を熟慮しながら、美しい渚と戯れる日々を可能にするのが大人の知恵というものである[48]。ギリシャ人が成熟した大人なら、修道院の壁の中へ避難するキリスト教徒が与える印象とは、虚弱と未成熟である[49]。背世界者たちの陰険で暗い性意識に対して、ニーチェが望むのは朗らかな性である[50]。性を罪の概念と結びつけるキリスト教の発想の歪みは、人間が、自分は動物ではないと考える奇妙な動物であることに由来すると考えられる[51]。

ニーチェは一八八五年三月三一日オーヴァーベク宛の手紙で、アウグスティヌスの『告白』を読み、失望した旨を告げている[52]。ニーチェの全著作中には二〇数か所アウグスティヌスへの言及があるが、彼のアウグスティヌスの捉え方は筆者には完全に同意できるものであり、言うまでもなく筆者のアウグスティヌス論よりも遥かに高雅な文飾に彩られた冷語に満ちている。『善悪の彼岸』では「老嬢のヒステリー」（P92/S.71）になぞらえられ、『アンチクリスト』では「自然に袖にされた」者たちとされ（P268/S.249）、極めつけは『朗らかな知』（『華やぐ智慧』）359で、文飾もなしに単刀直入に「駄目な人間」（P355/S.605）という極めて適切な評語がアウグスティヌスに与えられている（そのすぐ後に付される「精神の敵対者」といういご大層な呼称以上に適切な評語である）。一方で、プロティノスの名はニーチェの著作のどこにも出てこない。ニーチェがプロティノスを知らなかった、あるいは読んでいなかった、とまでは断言できないが、彼の思考の枠から外れた対象であったことは間違いなかろう。本書にとって決定的に重要な点は、このことがニーチェのプラトン理解とどう関係してくるかということなのだ。遺された断想に「アウグスティヌス的プラトニズム der Augstinische Platonismus」（第II期第十巻P494/ NF-1887,11［356］,S.156）という言葉が出てくる。アウグスティヌスのプラトン理解にプロティノスの影響が濃厚であることはすでに論じたが、だとすればニーチェがここで言う「アウグスティヌス的プラトニズム」とはプロティノス的に汚染されたプラトン思想と考えて間違いはなかろう。ニーチェは上記の『朗らかな知』359で、イデアリスト、聖者、賢者を一緒くたの系列としてアウグスティヌスと同様に批判しているが、その際に当然、ソクラテスやプラトンも彼の念頭に含まれていただろう。

筆者がここまで論じてきたこととの要諦は、ソクラテス／プラトンの知の系列はプロティノス／アウグスティヌスの系列とは全く異なること、むしろ敵対関係にあり、その意味ではニーチェの側に与する系列であるということ、そしてそのこと自体をニーチェは全く理解できていないということなのだ。そしてまた、ソクラテス／プラトンの道徳論は論理的考究の帰結としてあるものであり、ニーチェはこれも、註44で挙げたルサンチマンに発する似非「道徳」と一緒くたにして排撃する愚を犯している。「霜ばしら塵もろともに掃かれけり」[53]である。

哲学がおかしな方向に歪められた結節点は、ニーチェが考えているようにフォアゾクラティカーとプラトンとの間にあるのではなく、プラトンと新プラトン主義者およびキリスト教神学者の間にあるとする筆者の見解の詳細は、以上のようなものである。枝葉の話が長くなって申し訳ない。もう一度木の幹に当たるニーチェによるプラトン批判の妥当性の問題（本書42頁）に話を戻そう。

ニーチェは、プラトンの現実軽視を印象づけるべく、プラトン的人間とソクラテス的人間とは大いに異なるとし、クセノフォンの『メモラビリア』第三巻第九章から引用し、ソクラテスが次のように語ったことを指摘する。「最も優れた人、そして神々のとくに愛したもうた人、それは、農夫の場合は農耕の義務を立派に果たし、医者の場合は医術の務めを、また政治生活においては、国家に対する彼の義務を立派に遂行する人間である。しかしながら、何一つとして立派に行わない人間は、有能な人間でもなければ、また神々にとっても好ましい人間でもない」[54]（『古典ギリシアの精神』68頁）。

これをもってニーチェは、ニーブール[55]の尻馬に乗るように、ソクラテスを現実を重視する優れた市民、プラトンを現実から遊離した悪しき市民として対比するが、これは全くの的外れと言う他ない。上記引用は、此岸の生活に必要な実際的能力者と現実から遊離した彼岸へ向かう哲学的思索に没入する者との対比を論じたものではなく、懸命に研鑽をつみ専門家としての知識を磨く者と、いい加減な半端仕事しかできないくせに専門家ぶる者との対比を論じる文脈で書かれたものである。「良く行う」すなわち「良く生きる」ことが真の幸福であるというソクラテスの持論につながる文脈である。

クセノフォンからのこの引用箇所の少し前に、「船では船の知識ある者が治め、船主および乗組みのすべてがこの知識ある者にしたがい、農耕においては畑の持主が、病気においては病人が、身体鍛錬においては身体の鍛錬をする者が、みな同様であり、その他万事において、何か配慮を必要とすることのある者は、もし自分で世話の方法を知っていると思えば自ら世話をするし、もし知らなければ、知っている者がその場にいる場合これに服従するのみでなく、いない場合には呼びにやり、彼らにしたがって必要なことを行おうとするのである。毛糸紡ぎの仕事では、女たちですら男どもを治めるのは、女たちが紡ぎ方を知っており、男どもは知らぬためである」（クセノフォーン『ソークラテースの想いで』154頁）とソクラテスが述べたと書かれている。実用的技能を究めることと哲学的思索とを対立的に捉える論旨ではなく、ソクラテスがここで主張しているのは、どのような知の営みであろうと――糸紡ぎの技能もひろく知の営みと捉えるならば――正しい知的手順を経てより高度な技能や知の階梯を人は進み登らねばならないということなのだ。いんちきや生半可はいかんと言っているのである。哲学者が現実を軽視した荒唐無稽な哲学的思弁に没入し、世間の人々から「ろくでなし」や「役立たず」と見なされているのは、正しい知的手順を経ずに――ニーチェの言い方を用いると「跳躍して springen」――でたらめな議論をする自称哲学者の存在が主たる原因であるとプラトン自身がソクラテスに語らせている（『国家』489D）。

哲学者無用論を標榜する世の中の趨勢に対してプラトンが反駁のために用いた船乗りの比喩（『国家』488A-489A）は、ニーチェが引用したクセノフォンの記述とほぼ同じ論理の道筋をたどる。真の操舵術を究めようと年や季節、空や星々や風のこと、その他もろもろを注意深く研究する本物の舵取り（哲学者の比喩）が「星を見つめる男」「いらぬ議論にうつつを抜かす男」とされ、ただの役立たずのように思われているのは、生半可な知識をまくしたて、いっぱしの船乗りに自分を見せようとする身の程知らずな水夫たち（自称哲学者の比喩）が、真の舵取りを誹謗中傷し、あんな男よりも自分を取り立てるようにと、知識のない船主（民衆の比喩）をたぶらかすからに他ならない。ニーチェが現実軽視の哲学者像をあてはめようとしたプラトンその人が、本物の哲学者とは異なるそうしたイメージが世の中で哲学者に付与されている現状を分析し、哲学者が現実から遊離した役立たずの輩であるという哲学者像そのものが誤りであることをとっくの昔に論じているのである。

他ならぬニーチェ自身もまた、背世界者たちをこう批判している。「かれらは、認識する者を、また『誠実』と呼ばるるところの、諸徳のうちのいと若きものを、狂暴に憎悪す。かれらは常に幽暗なる時代を回顧す」（『ツァラ』P50/S.37）と述べ、正しい知的手順を経ずに「跳躍する」中世や前近代の似非哲学や似非学問を批判している。「誠実」という「諸徳のうちのいと若きもの」、つまりニーチェが著作の中でその重要性を繰り返し強調する近代学問の知的誠実は、上記の引用の通り、むしろプラトンの知に向かう姿勢と軌を一にしており、なんら敵対していない[56]。もとよりプラトンは前近代どころか遥かなる古代人であり、彼の哲学にプリミティヴな要素が少なくないのは当たり前の話である。プリミティヴな要素があるから論外な哲学だということになるのではなく、彼が正しい方向に哲学の照準を定めていたことが今日もなお重要なのである。プラトンがいなかったら、そもそも近代的知がありえただろうか（近代的知の代表格であるデカルトは、ルネサンス期のプラトン復興の気運を経て登場した哲学者である）。プラトンを現実軽視であると批判する者は、そんな分かり切った問いに答えてもらわねばなるまい。哲学者の高度な知的営みは現実から遊離したところにその場所があるのではなく、現実の延長線上にある。プラトンにとって、それは自明なことであった。しからばイデアとは、どのように考えるべきものなのか？

その前にもう一度だけ、脇道に入らせていただく。ニーチェは同じ個所で、真理を手にしたと確信しつつ洞窟に入る[57]プラトンは、「他のすべての人間を愚かな者、不道徳な者として、また彼らの制度すべてを、愚行にしてまことの思考の障害、として扱う。正しい概念を持った人間は匡正し支配しようとするであろう。真理を手にしているという確信は、彼を狂信的にする」（『古典ギリシアの精神』69頁）と、哲人王支配の思想との関連で、プラトン哲学が狂信へと帰結する可能性があるものとしてその危険性を指摘する。その指摘は一見なるほどと思わせるものがあるが、プラトンを批判したがる者が最初に飛びつく初歩的な論点でしかなく、実際にはプラトンの構想の前提を捉え違えている。哲人王支配の思想それ自体が狂信へ帰結せざるを得ない論理構造上の必然性を持っているということではなく、論理を現実世界で実現する際に介在してくる有象無象によって――なんといっても国家的事業は哲人王一人では遂行できないわけだから――論理が改竄、歪曲、矮小化され、当初の構想とは似ても似つかぬものが具現化することが起こり得るということでしかない（現代人は民主制がことの他お好きのようだが、朝鮮民主主義人民共和国という冗談のような名称を持つ「民主主義」国があることはさておいて、現代日本社会に話を限っても、そのポンコツぶりを見れば、民主制であったとしても政治理念と実態とが似ても似つかぬものになることなど、なんら不思議がないことにすぐに気づくことだろう）。そんなことはプラトン自身がすでに百も承知であって、ユートピアの純度が高ければ高いほど、現実政治においてそれがデストピアへと暗転する危険性が高まるのはわかりきったことだった。ゆえにこそプラトンの描くソクラテスはそのアポリアに煩悶・呻吟し、「第三の浪こそ、三つのうちで最も大きく、最も厄介」であるとグラウコンに告白するのである（『国家』472A）[58]。この世が不完全である限り、人は完全なるものを目指し、ユートピアは語られねばならない。完全なものを措定し、それを目指すことと、完全なものがあると信仰する原理主義とは別ものである。措定しなければ、そこへと近づきようもないのである。それがそもそも達成可能か不可能か、デストピアへの危険性があるかないか、ある場合はそれをどう回避するかは、次の話である。プラトン自身がソクラテスにこう語らせている。「仮に我々が、語られたとおりに国家を統治することが実際に可能であるということを証明できないからといって、我々の語った事柄がそれだけ価値を失うと思うかね？」（『国家』472E）「いったい、言葉で語られるとおりの事柄が、そのまま行為のうちに実現されるということは、可能であろうか？　むしろ、実践は言論よりも真理に触れることが少ないというのが、本来のあり方ではないだろうか？」（『国家』473A）

哲人王構想の批判者たちに肝に銘じておいてもらわねばならないのは、確かにプラトンは存命中にその実現の可能性を求めて三度シケリアに渡航しているが、彼は決して近視眼的に前のめりになってその実現を達成しようとしている訳ではなく、むしろ永遠の相においてこの問題を捉えているということである。ソクラテスが、自分の意見に反対してくる人々を説得できるまで、あるいは少なくともその人々が次の世に生まれ変わって同じ議論をするときのために何ほどかの役に立つところまでこの議論を進めておくことができるまでは、決して努力をゆるめないと述べたのに対して、アデイマントスが、次の世とは少しばかり先のことをおっしゃるものですね、と口をはさむ。これに対して、さらにソクラテスは「いやいや、それまでの時間などは無に等しいものなのだ――全永劫の時間を前にしてはね」と答えている（『国家』498D）。哲学者が王になるか、王が哲学者になるかという彼の――実際にはソクラテスのではなくプラトンの――理想社会の構想が実現不可能であるという大方の見方に対して、ソクラテスは逆に、そう考える根拠はないと主張する。実現が可能であるということなど証明できないではないかという批判に対して、実現不可能であることもまた証明できないではないか、ということなのだ。王位や権力の座にある者の子供に、たまたま哲学者的資質を持った者が生まれてくる可能性が全くないと誰一人言い切れるはずはないとし、そうした子供がただの一人として全永劫の時間の中で必ず堕落から救われることなどないと言えるはずがない、と述べる（『国家』502A-B）。

確かにその点では、永遠の時の中で一人の人間の生涯がそっくりそのまま繰り返されるニーチェの永劫回帰の思想よりも、また、人間が今の状態から超人へと変容することよりも、それらに比べれば実現の可能性ははるかに高いと言える（プラトンにすれば、「現実遊離だって？　ニーチェ君、君に言われたくないよ」ということになるだろう）。現実に横たわる問題の究極的解決を構想する場合、その構想が現実遊離の相貌を得ることになるのは、単なる事実確認ではなく理念的推論を働かせる以上、プラトンであれ、彼を批判するニーチェであれ、避けようがないことなのだ。註25でも述べたことだが、「善き人は害さない」という賢者の論に沿うべく我々が刑罰を長い時間をかけて復讐論的観点から引き離していくように、今のところ我々が手にすることができないプラトンのいう哲人王を一つの比喩とし、王とは個人である必要はなく、共同体自体、「我々」の総体そのものが賢者の観点に近づいていくことであるとも、さしあたっては考えてよいのかもしれない[59]。何しろ我々は、プラトンが五つに区分した政体の序列づけで最上とした哲人王を戴く国家から、下ること四番目に位置する民主制（『国家』544C-545C）すら未だ十分な形で達成できていないのだから[60]。

そもそも哲人王構想への通常よくある批判には根本的瑕疵がある。それらの批判は、プラトンの定義した真の哲学者が王となるのではなく、ごく現実的に存在する――人間的な、あまりに人間的な――哲学者が王となることを前提とした議論である場合がほとんどだからである。過ちを犯さない、少なくともその人間に代わる他の誰よりも過ちを犯す可能性の低い人間が王となることが前提とされているのがプラトンの構想である。愚かで醜い権力主義者はプラトンの定義ではそもそも哲学者とは呼ばないし、狂信性に陥るようでは、そんな者も彼の定義では哲学者とは呼ばない。そのような者が権力の座に就くことなど最初からありえないシステムを構想しているのである。この前提を外したところで勝手に狂信的な王が登場しうることを想定してプラトンを批判しても意味がなかろう。無論、「哲人王」は現実にはなかなか存在しえないという意味では、ニーチェの「超人」と同様な一つの理念的存在ではある。しかし、現実から発し、現実とのかかわりの中から現実のより良い姿を希求するために、現実を超えたものへと理念的問いを投げかけることが、そもそもの哲学の使命である。哲学のこの本質的性格を押さえた上でなければ、イデア論も正しく理解することはできないだろう。

では、話をイデア論に戻そう。現実を軽視することのないプラトンにとって、見ることも触ることもできないイデアとは、何を意味するものなのか。後世の人々はプラトンのイデア論を受けて、それを実体的真理として理解した。プラトンの弟子であったアリストテレスは最初の強力なイデア論批判者であったが、彼の批判は実体的真理とした場合のイデア論の欠陥・不備を指摘したものである。アリストテレスが批判の中で、エイドスは原型《パラディグマ》であり他の事物はこれに与かると語るとすればイデア論は「空語すること、詩的比喩を語ること」(『形而上学』991a20)に他ならなくなるではないかと端無くも述べているが、その通り、詩的比喩と呼べなくもないもの、それがイデアである、というのが本書のアリストテレスへの回答である。

アリストテレスは、イデアを厳密に規定しうる実体的概念としてイデア論の欠陥・不備を補強する意図で四原因説を持ち出し、論理的精緻化を図るが、これはプラトンへの貢献というより、アリストテレス自身によるアリストテレス哲学への貢献であり、プラトンにとっては贔屓の引き倒しというべきものだった。アリストテレスの見た欠陥・不備とは、あくまでアリストテレスの哲学上の巧拙の基準をプラトン哲学に適用した場合に見えてくるものであって、精緻であればあるほど欠陥のない哲学であると考えるアリストテレスに対して、プラトンのイデアは、そうした精緻化が可能となる実体的概念として提起されている訳ではないのである。ハイパーリアリティー絵画がアンリ・ルソーの素朴主義よりも絵画として優れているとは必ずしも言えないように、何かを正しく受容者に伝えるためには、精緻であるかないかは意味をなさない場合もある[61]。プラトン哲学への誤解は、すでにこの時点で始まっていたと考えるべきであろう（ただしこの誤解は、すでに述べたプロティノスおよびアウグスティヌスにおける知の断裂と結びつくものではない）。

実体的真理ではなく、詩的比喩であるとはどういうことか。例えばフロイトの精神分析学を考えていただきたい。精神分析学はフロイトが活動していた当時の社会では、学問と見なされることへの抵抗は大きかった。その言説のほとんどが可能的推論でしかないからである。無意識といい、超自我といい、エス（イド）といい、人間の精神構造がそうなっていると推論することは可能であっても、見ることはおろか、そうなっていることを証明することは誰にもできない。論証することも検証することもできないものは、学問の対象とはならない。それ以前の伝統的実証科学の対象にならないのは無論のことであるが、しかしそれが、さらには人間意識の観念論的捉え方の伝統とも異なる、第三の知の地平を開くものであったことに、今日異論を唱えるものはなかろう。アリストテレスはイデアを語ることは空語であると言ったが、フロイトの一連の推論を意味のない空語として退ける者は、よほどの例外者であろう。それらの推論は、いま目の前で現象として患者に起こっていることを説明するにはそう考えるしかないとするフロイトの臨床医としての長年の実務経験の末の判断であるからである。ここでは超自我などの心的装置が実際にあるかどうかよりも、それを想定することで治癒が可能となるかどうかがより重要となる。

医学における現実的治療の問題のみならず、多元的価値観相互における深刻な社会的問題の現実的な調整においては、何かを確定的に「正解」と決定する論証の論理としての論理学的思考が、揺れ幅をもつ想像力による思考に社会的病理の快癒をゆだね、道を譲るべき場合もあるのだ。前者ばかりが万能視されると、本来効力を発揮しうる発想が論証的ではないために「不正解」として排除されたり、人間の知が記号的概念の抽象性の中へと硬直化していき、その概念が独り歩きし、それが時として唯一絶対の観点とされるイデオロギーに変じることで、さらに新たな排除や敵意を生み出すことも起こり得る。いったんその方向へ進み出すと、その行きつく先には、正解を正解と認めない者たちの物理的排除を伴う絶対的ロゴス主義という恐ろしい怪物が誕生し、猛威を振るうこととなる。誰であろうと誤解の余地なく正しく扱えるようにと、もともと普遍性の確保のために要請されていたはずの概念の抽象化・厳密化が、それが行き過ぎると、ある絶対的な不可侵の真理へと祀り上げられ、多元性の容認と多元的価値観相互の和解や共通了解を不可能にさせる方向に作用する。民主主義の庭先に咲くファシズムのように、絶対化されたロゴス主義は豊かな普遍的思考が生まれる同じ土壌から期せずして生い茂るのだが、これはむしろ、もともとの普遍的思考を枯れさせる毒草のようなものでしかない。

絶対化されたロゴス主義は権力や権威と結びつき、人々の悲しむべき性《さが》を助長する。水のごとく低きへと流れる性である。人々はその権威に身を委ね、それに追随してさえおれば自分は何も考えなくても良いことにして楽をしようとする。人々は様々な意見や考えの中から普遍性を抽出する作業を放り出し、果てしなく続く面倒で骨の折れる思索の努力をやめてしまう。普遍性の生命線である「開かれた知の公共性」を閉じさせ、普遍性が普遍的である当の条件そのものを窒息させてしまう。高校生は自らがどうあるべきかを考えるよりも教師が自分たちに何を望んでいるかばかりを忖度し、前髪の長さやスカートの丈を調整することばかりに気を遣い、風紀委員はゲシュタポ化する。思考停止と権威への無反省的随従である。

プラトンの目指したことは、開かれた議論の場を通して各人の中に自律的価値基準を打ち立てさせることであり、他方、絶対的ロゴス主義の目指す方向とは自分の打ち立てた基準をドグマ化し、すべての人々を従わせ、すべての人々を他律的にすること――すでに自分の身内であるクリティアスが迷い込んだ袋小路を間近で見てきたプラトンが同じ轍を踏むことはありえないだろう――であり、人々を「畜群」化する支配の原理に結びつく。ニーチェのプラトン批判もイデア論を実体的真理とする伝統的理解（誤解）に基づき、プラトンを悪しきロゴス主義の大元と考えたわけだが、それを受けたのちの世の人々はさらに話をエスカレートさせる。二〇世紀の数多の戦争やナチズムの発生まで、プラトンにその淵源があるかのような言説まで飛び交う始末である。プラトンとしては濡れ衣もはなはだしい。アリストテレスが批判したような、学問的整合性の点では穴だらけの不明点を残すのは確かだが、そうしたゆったりとした構造を持つプラトン哲学に対して、概念の精緻化・抽象化、哲学の学問的厳密化の果てに起こりがちなのが絶対的ロゴス主義である。

プラトンはむしろ哲学の学問化など哲学の矮小化（卵の黄身だけで卵の全体を語ろうとすること）に等しいと考えたに違いなかろう。人間の知を豊かにするものは、どこへなりとシナプスを自由に伸ばす思考の闊達さと柔軟性である。記号的概念の抽象性という壁を築けば、哲学は一見成果らしきものに達するが、あくまでその枠にこだわれば枠の中で枯死するしかないものである。人間の知は、学知という論理や悟性的判断によって論証・検証され、その真理性が確保される領域が知の中心にあり、それが知として最大限の信頼を寄せうるものである。ただ人間の知はそれだけで語り尽くされるものではなく、その外側には果てしなく広大な、論証も検証もされない可能的推論の領域がある。前者が卵の黄身ならば、後者は卵の白身である。卵の黄身では厳密な学問的論証が最重要な要件となるが、それればかり続けていると、いずれ知の筋肉は固まり五十肩（絶対的ロゴス主義）となることも起こりうる。知の可動域を広げるために黄身から白身への遠心的動き、つまり理念的推論が必要となるのである。そしてそれは無論、ただ外へ外へと拡大していけば良いということではなく、理念的推論で得られたものは黄身の領域に再び持ち帰られ、それが本当に意味のある推論なのか、また可能となる（現実とのつながりを持つ）推論なのか、厳しい学問的精査にさらされなければならない。遠心的・求心的上下動、外延と内核との往来が知の可動域を広げるのである（それゆえ卵の殻の外まで風呂敷を広げるプロティノスのごときは論外なのである）。

美の問題においても、虚構に依拠する創作的芸術作品の場合、ひたすら虚構の世界に無責任に耽溺するだけの、もはや芸術などとは呼べない三流エンターテイメント作品とは違って、まともな芸術作品の使命とは、虚構自体が目的なのではなく、虚構という媒体を用いずには到達しえない現実のより深い認識を我々にもたらすことにある。虚構は、必ず現実との回路を維持しなければならない。芸術美を感性的美に留まるものと捉え、美を知にとっての障害とソクラテス／プラトンが考えたことが、ニーチェが彼らを批判した論点の一つであった。伝統的形而上学では、美は知とは切り離して論じるべきものとされてきたが、極言すれば、美は知の一形態ではなかろうか、という仮説を筆者は抱いている。だが、これは別の機会に論じたい。

プラトンの善のイデアは、それ自体が絶対的真理を体現するものではなく、人間の思考が普遍化されていくための補助線として想定されたものである。それゆえプラトンのイデア論に対してニーチェの遠近法的思考は、アンチテーゼたりえない。人が遠近法的に思考することなど、プラトンにとってとうに当たり前な話だからである。彼自身がいやというほどそういう連中、ソフィストたちと対峙してきたのである。

ニーチェの遠近法的思考とは、遠近法絵画の消尽点を画面上のどこに設定するかによって画面構成が異なってくるように、人々の考えることもその人が何を重要と考え、どこに焦点を置くかによってものの見え方が変わるし、様々な世界理解があってよいのだとするものだが、プラトンの場合は、消尽点はニーチェやソフィストのように画面のどこにでも好き勝手に置けばよいとするのではない。プラトンは、なぜその人はそこに消尽点を置き、またあの人はあそこに置くのかに着目した。人が消尽点の位置をここだと決める動機がどのような人間的要請に基づくものなのかが、彼の本質的問いだったのだ。ソフィストと対峙したプラトンが知と非知との違い、哲学者とソフィストとの違いを明確化する上で武器としたのが弁証法的手続きを取る――近代合理性よりもより広い意味での――ある種の合理性の追求であった。ここでいう「合理性」とは、自己と他者との間に共通了解が確保できることをいう。そこに消尽点を置けば「我にとってそれは真理となる」、では不十分で、「のみならず汝にとっても真理となる」、ひいては「誰にとってもそれは真理となる」ことが必要であり、我にとってのみ真理であるだけのものは、真理として存在できない。自分一人にのみ了解できる私的言語は言語として成立せず、共同体の成員のチェックを通ってはじめて言語が言語として存在できるように、異なる消尽点を持つ個々の遠近法には、その正当性を担保するために誰もがそれを「善い」と考える、人間が本来的に持つ要請と合致することが不可欠なのだ。消尽点は人によって置く場所が異なるのはかまわないが、共通了解を破綻させるような置き方は出来ないというのがプラトンの立場である。

なんのことはない、ニーチェの遠近法の議論でも、同じことが語られている。真理などない、解釈があるだけだ、と唱えるニーチェは、解釈の妥当性を価値評価の観点へつなげていく。「根底にあるのは常に〈それは私にとって何か?〉(我々にとって、あらゆる生物にとってなど)という問いである」(第Ⅱ期第九巻P187/NF-1885-1886,2[149],S.140)というニーチェの言葉は、プラトンの視点そのままである。欠けているのは「私にとって」が「我々にとって」につながる回路である。その点がニーチェの場合、不問に付されている。ある種の真理性を前提としないで解釈の妥当性や価値評価について他者とどう議論できるというのか。真理などないと語るニーチェに対して、おそらくプラトンは、真理はある、より控えめに言っても真理はあってほしい、と考えていたはずであるが、自分は真理をつかんでいるなどということは一言も言っていない。それは彼を教祖に祀り上げようとするプラトン信者たちが勝手にそう言っていただけのことである。プラトンが念頭に置いていた真理への接近とは、近代的知性人にとってそうであるように、様々な意見の相克を経て、より確かでより信頼できるものへと知を鍛え上げていく絶え間ない努力に他ならなかったはずである。ニーチェの次の言葉「遠近法的に見ること、遠近法的に認識することがあるだけである。そして、我々がある事柄についてますます多くの情動を発言させ、ますます多くの眼、様々に異なる眼を同じ場所に向けるすべを心得ているならば、この事柄についての我々の〈概念〉、我々の〈客観性〉はいっそう完全になるのである」(『道徳の』P151-152/S.365)は、ニーチェ的立場からすれば完全な客観性などあるはずもないので、「完全性らしきものへと近づくことになるのである」という表現がふさわしかったはずであろうが、ニーチェ的立場ではそれすらも可能にはならない。彼の遠近法論では他者との共通了解を可能にする回路は確保されないからである。個々の人間がばらばらに各自の遠近法的視点を行使するだけなので、それらが一つの〈客観性〉へと糾合することはない。もしその回路があるというのなら、プラトンの立場と何が異なるというのか。ニーチェがいきり立って攻撃していたのは、プラトニストたちが柳の枝を揺らして出現させたプラトンのまぼろしでしかない。プラトンが感性界の彼岸に真実の世界を想定するような言説を発したのは、無論、古代においてそうした仮定的発想が古代人の思考法に馴染みやすかったために選ばれていたはずだが、それはニーチェが批判したように感性界を無意味な仮象の世界として貶めるためではなく、それ自体を眺めているだけでは明証的とはならない感性界の価値や有意味性を明らかにするための議論の公準として想定されたものなのである。プラトンの眼目もまた、彼岸ではなく此岸にある。プラトンが目に見えない世界にあるとする「真実」とは、あくまで公準として方法的、戦略的に設定したものでしかない。それを仮に措定した場合、我々はこの現実の世界をどのように捉えることができ、そうして捉えた世界が我々にとってどのような意味や価値を持つかという考究への補助線なのである。

人間が本来的に持つ要請、それを一言でのべたのが「善のイデア」である。それは、多くの人々が誤って考えたように善のイデアそれ自体が真理を体現するというのではなく、善のイデアという公準に基づいて置かれた消尽点を設定することで明証的となる真理のことを言っているのである。これもまた譬えになるが、「三角形の内角の和は一八〇度である」は、ただひたすら三角形を眺めていても明らかにはならない。三角形の底辺と頂点を通過する平行線を引くことで、同位角の存在によって、内角の和が一八〇度であることが明証的となるのである。真理はここでは「三角形の内角の和は一八〇度である」であって、平行に引かれた補助線自体が真理なのではない。補助線は実際には存在しないもの、実体としてあるのは三角形である。

「三角形のイデア」についても同じことが言える。定規で描かれた三角形も手書きのよれよれの線で描かれた三角形も三角形であると我々が理解できるのは、我々の中に三角形とはこういうものという三角形のイデアがあるから、それは三角形である、そんな三日月型は三角形ではないと判断できるわけだが、ここで重要なのは範型としてのイデア自体ではなく、具体的個物の方、この場合は、現実に我々が見ている定規で描いたきっちりした三角形もよれよれの線の三角形も誰もがそれを三角形であると認識できることの方である。三角形のイデアとは人々の間で、その共通了解を成立させるための補助線的役割を持つものでしかない。ニーチェの言うように「遠近法的に認識することがあるだけ」というのなら、三日月型を三角形だと主張する者が現れたとき、それを認めることになるのだろうか。そもそもニーチェの遠近法論では、他者との間に、それが三日月型か三角形かを議論する共通の地盤すら確保できなくなるのではないか。

この「人間が本来的に持つ要請」、プラトンの言い方をすれば「善のイデア」は、ニーチェの正義論や暴力論において道徳論の極北にある認識、つまり「道徳を根拠づけるものは何も存在しない」という認識を得た後に、再度必要となる哲学的観点であろうと考える。極北の認識の次に来なければならないもの、奇異に聞こえるかもしれないが、それが「善のイデア」である。

その前に、極北に至る前の段階の、通常のレベルでの正義論を押さえておこう（ニーチェの議論の中にもその二層があると思う）。ニーチェの遠近法論は、ソフィスト的何でもありへの退行と見なされても仕方のない側面がある。そこに至る経緯は違うものの、結論の外形は一致するからである。ニーチェは、「正しいこと」とは強者の利益に他ならないとするソフィストのトラシュマコス（『国家』338C）、および、正義とは強者が弱者を支配し、弱者よりも多く持つことであるとするアテナイ市民で政治家のカリクレス（『ゴルギアス』483A-D）（こちらの方がより直接的にニーチェの思想と重なる）らの思想との親和性を持つ意見を著作中の各所に提示するが、これらの意見はソクラテスに完膚なきまでに論破されたものであり、ニーチェがこれらの主張を再提起するのならソクラテスが論駁した地点から議論を再スタートしなければならないはずなのに、ソクラテスの論駁をさらに論難する根拠を何も提示しないまま、トラシュマコスやカリクレスらの思想の方がソクラテスよりも正しいのだとやみくもに主張するだけである。

例えばトラシュマコスAという人物と同じような思想を持つトラシュマコスBが協力して泥棒をしようとしたとする。二人は同じ思想の持ち主同士として共鳴共感し熱心に協力し合うかと言えば、決してそうはならない。互いに相手を独善的で自己中心的、自分を害する者として反感を持つはずである。相手を出し抜き、自分がより多くの金品を得ようとし、相互に警戒心を抱くため、各自の役割を十全に果たせず泥棒は失敗に終わるだろう。もし成功するとすれば、それは少なくとも泥棒をするミッション中のみの限定にせよ、相互に善意で協力し、自分の役割を正しく全うし、仲間を信頼し裏切らないという「正義」が成立しているからに他ならない。泥棒という悪事の達成のためですら「正義」は不可欠なのである。だが彼らの思想の根底には誰もが「善い」とするものが欠けているから、必然的にその原理を無視し、悪事もまた果たせずに終わる。彼らの正義論を認めるというのなら、この世は互いに相手の「力への意志」を妨害して足を引っ張り合う無数のトラシュマコスやカリクレスで満ち溢れることになり、おびただしい「力への意志」の不毛な浪費と死産が現出するだけだろう。

ニーチェはパリ・コミューン蜂起の際にルーヴル美術館が焼失したという誤報を受けて、悲嘆のあまりブルクハルトと手を取り合って泣いた人物である。消尽点をどこにおいてもよいとするのなら、その程度のことでは済まない地獄が現出しうることは論を俟たない。砕け散った頭部、飛び出した内臓などの映像を見て、我々は嘔吐することがある。それは悠長な知的判断を経た反応ではなく、無自覚的反射反応である。何かを快、何かを不快とする趣味判断によるものではなく、人体に有害なものを吐き出すことを脳ではなく胃や腸が判断する場合と同様に、何かを見て、危険として忌避せよ、嘔吐するまでに不快とせよ、とする人間に生得的に備わっている生体反応ということなのだろう。人間が痛覚を持つこと、何かにぶつかって痛みを感じることもまた、生命を失うことにまでつながるより大きな危険を回避するためのアラーム的な役割を持つ。人は通例、近親相姦をしないし、非常事態を除いて基本的に食人行為もしない。人道的観点――そもそも自然《ピュシス》に先んじてそれがあるとするのは虚構でしかなく、それは自然《ピュシス》を踏まえて考え出された人為的機制《ノモス》でしかない――からしないというよりも、そうした行為が種にとって生物学的なマイナス作用を及ぼすことを本能的に知っているからだろう。人間の考える「善きこと」は、ヒトの生命の根底的基盤、ヒトの中にある自然《ピュシス》に根を下ろすものであるはずである。トラシュマコス／ニーチェにとっては、ソクラテス／プラトンの語る「善」とは人為的機制《ノモス》でしかなく、強者の欲しいままの暴虐こそがピュシスに根差すものとされていた。事実は逆であろう。ニーチェにとっての「善きこと」とは強者の「力への意志」が弱者のルサンチマンに妨害されることなく十全に発現することだと思われるが、ニーチェの議論で特に整理されていないのは、彼が無条件的に肯定する暴力の多くの事例は、まわりまわって結果的に人の「善きこと」につながる条件つきなものであるということ[62]、さらには、その点にも関係するが、個体としてのヒトの「善きこと」と種としてのヒトの「善きこと」の区別の観点を、彼は持たないということである。

ニーチェはマキャベリのチェーザレ・ボルジア評価（『君主論』第7章）に同調して、強者の恣意的な残虐性や悪逆をも肯定するが、ニーチェはボルジア的形姿を個の問題に限定しすぎている。マキャベリのボルジア評価の前提には外国軍に蹂躙されているイタリアの解放という目指されるべき目標があり、それを実現可能とする人物の資質としてボルジアを論じているのである。そうした歴史的具体的条件下におけるボルジア論であって、ニーチェのような普遍的・無時間的・無条件的強者論ではない。マキャベリがなぜ救国の英雄を待望したかと言えば、群雄割拠した状態よりは挙国一致して外敵に当たることで世の中から残虐や悪逆が減ると考えたからに他ならない。それは『君主論』第26章を読めば明らかである。いまここにおける暴虐それ自体の称賛ではなく、未来の「善きこと」を前提とした上での暴虐の暫定的称賛なのである。日本において太平の世を実現するために織田信長のような「魔王」を必要としたというのと同じである（ちなみに、マキャベリによって政治に初めて科学が持ち込まれたと世に評される。そこまでは筆者も了とするが、それ以前の政治論がアマチュアの無意味な議論でしかなかったという意見には同意できない。マキャベリの政治論は歴史的具体的条件下での科学的合理的対処法を論じたものであって、あくまで議論の対象となっているのは理念ではなく悟性的判断が求められる領域、つまり卵の黄身の話なのだ。政治は理念［卵の白身］としても語られるべきものであり、マキャベリ以前の政治論の批判されるべき点とは、その二つがごっちゃになっていたということに尽きる)。チェーザレ・ボルジアの暴虐はニーチェ流に言うなら、個体としてのヒトの「善きこと」という評価になるのだろうが、イタリアの統一によってその土地に住む者たちの意志の総体がより十全に「力への意志」が発揮できるようになるとすれば、それは種としてのヒトの「善きこと」につながる前段である共同体としての「善きこと」であり、ニーチェにこの区分けの観点はない。繰り返しになるが、マキャベリの議論では、この共同体としての「善きこと」の実現の可能性を求める過程でボルジアの暴虐が肯定されているにすぎない。

ニーチェが自分の正義論を基礎づけているもう一つの事例にツキュディデス『戦史』の白眉ともいえるメロス島談義(『戦史』第5巻八四~一一四)があるが、これについても同じことが言える。ニーチェは「私が古人に負うているもの」二(『偶像の』P147-149/S.155-156)でかなり苛烈なプラトン批判を展開しているが、その主たる論旨はプラトンとキリスト教を一直線に結びつける誤解に基づいており、これはナンセンスでしかない。彼によれば、プラトンの「退屈さ」や「デカダン」からのお口直し——ニーチェ自身は「治療」という言葉を使っている——に、いつも所望するのがツキュディデスでありマキャベリだとのことである。ツキュディデスにおいて「ソフィスト文化、言うならばリアリスト文化が、その完成された表現に達して」(同箇所)いると言う。彼の頭の中には、ソフィスト(トラシュマコスに代表される)—ツキュディデス—マキャベリ—リアリストの系列があり、対してプラトン―ユダヤ人―キリスト教徒―イデアリストの別系列があることは明らかである。彼はプラトンの「善」という言葉をよく吟味しないままキリスト教道徳のそれと同一視しているが、もとよりプラトンにとって、のちにキリスト教が自分について何を言うかは知る由もないこと、彼のあずかり知らぬ、彼自身には何の関係もないものである（キリスト教にとっては、勝手に流用できるありがたい草刈り場として、プラトンは大いに関係を持っていたい対象であるが）。

神話と未分化の状態にあったヘロドトスの歴史記述とは異なり、ツキュディデスは歴史を脱神話化し、歴史にリアリズムを持ち込んだ最初の歴史家として、政治学におけるマキャベリに等しい役割を果たしたと言えるが、彼の本務は、歴史家である以上、事実に基づく歴史記述にあり、そこに彼の理念が前面に出ることなどがあってはならない。この場合も卵の黄身の話が彼の本務となる。他方、現実の彼方に理念的問いかけを行うことを本務とする哲学者たるプラトンが、ただの事実についての語りに終始していられないのは当然のことである。ニーチェはこの違いをわきまえず、ツキュディデスは現実に対する勇気があり、プラトンは現実に対する臆病者だから理想へ逃げ込むのだ、などと的外れなことを言いたい放題である（同箇所）。ニーチェはメロス島談義を踏まえて、正義とは強者同士の間でのみ成立するものであり（『人間的な』P100/S.89）、強者が弱者から多くを取るのは当然なこととする。この場合もニーチェにあっては、正義は歴史的拘束性とは無縁なものとして普遍的・無時間的・無条件的に語られている。だが、正義、とくに戦争にまつわる正義観とは、社会的資源の有無や質・量の変遷により変異していくものではないのか。

古代社会では自給自足が可能な部族・共同体はほぼなく、古代における戦争の多くは、その不足分を他の部族・共同体から奪うことによって生存の物質的基盤を確保することが主たる起因となっていた。現代の法において、一人分の浮力しかもたない板をめぐって一人の水難者が他の水難者を排除して殺しても、その殺人に殺人罪は適用されないように、自らの生存を確保する戦いは、侵略であろうと防衛であろうと古代人の意識としては善悪の彼岸にあったであろう。生き残ること、それが「善」に他ならなかった。

ヨーロッパが慢性的飢餓状態から脱するのは大航海時代を経て新大陸からジャガイモが移入されてからのことである。物質的経済的基盤が変われば、目指されるべき正義はまた異なってくる。プラトンの『国家』で、国家の役に立たない病人や障碍者[63]を切り捨てよとする優生学的な思想（407D-E、460C）が語られており、ニーチェも同じようなことを語っているので、この点ではプラトンに賛成すると思う。これは現代の民主的思想家が危険思想だと色めき立つ点だと思うが、日本にも姥捨て山伝説があるように、非人間的に見える行為も、各時代の物質的経済的基盤という歴史的前提を抜きに、条件が異なる現代社会にそのまま当てはめて論じるならば、熟慮を欠いた議論にならざるを得ないだろう。医学的知見や医療技術のレベル、病人や障碍者が社会的に有意義な生活を営むために社会が投入しうる資源や資金の有無によって「正義」は変わってくる。生存の基盤を確保する手段としての戦争という古代のプラトンの場合には考慮しうる考え方を、一九世紀のニーチェが同じように語ることが妥当だったのか、当然議論が必要となる。もっとも、飢えから解放されたヨーロッパ人が何をしたかと言えば、飢えを気にせず戦争に邁進したのであり、ニーチェが晩年を生きた一九世紀末は帝国主義の真っただ中だった。その意味で、彼の「力への意志」論は、一つの摂理論として傾聴に値する。

ただ、ニーチェの知る戦争は一九世紀までの戦争でしかなく、せいぜい民族の盛衰（生存か死滅かではなく）をめぐる戦い、異なる文化同士の優劣を争う抗争でしかなかった（対して第二次世界大戦は民族の絶滅が一つのテーマになった戦争である）。それゆえ非戦闘員が戦争に巻き込まれるのは一部の例外であり、戦場における儀礼もヒロイズムもいまだ意味を有していた。「現代」が第一次大戦以降に始まるとするのは大方の識者の了解するところだが、現代の戦争とそれ以前とを截然と分かつものの一つは、現代における戦争では礼節やヒロイズムが不可能になったという点である。「祖国」という言葉を唱えながらバーゼル大学を休職して衛生兵として馳せ参じるニーチェのうぶな短絡的ヒロイズムは、彼もまた一九世紀の人間として時代の子であったことを物語っている。加えて彼は、負傷兵を移送する際に、戦場の現場の一端を垣間見たことはあったかもしれないが、実際の戦場をほぼ知らない。人を殺したこともなかろう。三度戦役に就いたソクラテスは、当時の戦争の形態を思えば、人を殺したことがあると考えて間違いない。人を殺したこともない人間が、そう望むなら殺せばいいと語る言葉と、人を殺したことがある人間が人を「害してはならない」と語る言葉と、どちらを重く受け止めるべきかは、自明なことのように思える。それは人間にとって理屈というものが発生する根っこを知っている者の理屈だからである。一枚の板をめぐって他人を水死させたことに罪はないと理屈の上では納得できたとしても、その記憶は当事者を一生苦しめることになるだろう。共同体全体の生存に係わる掟に従い、食い扶持を減らすことにしかならない老母を背負って山に捨てに行く息子の胸中がいかばかりのものだったか。大きな筏があれば、豊富な食料があれば、両者の「正義」は、また異なってくるのである。

上記の「そう望むなら殺せばいい」は、永井均『これがニーチェだ!』（講談社現代新書、二〇一〇年）を念頭に置いている。この本は日本人が書いたニーチェ論の最も優れたものの一つだと思う。たいていのニーチェ論であれば、素通りすることに痛痒は感じない。だが、筆者のような凡夫が永井（敬称略す）に異論を唱えれば、返り討ちに合うか単に冷笑されるかが関の山だとは承知の上ながら、彼のニーチェ論に言及せずに素通りするのは、自分が何か卑怯者になったかのようなやましさを感じるので、一言書きたい。

彼のニーチェ論の核心部分に殺人の是非の問題があり、他の著作『道徳は復讐である――ニーチェのルサンチマンの哲学』（河出文庫、二〇〇九年）（以下『ルサンチマンの哲学』と略記）、『なぜ人を殺してはいけないか?』（河出文庫、二〇一〇年）などでも同じ問題を取り上げている。『これがニーチェだ！』(29頁)に「だからニーチェは『重罰になる可能性をも考慮に入れて、どうしても殺したければ、やむをえない』と言ったのではない。彼は、『やむをえない』と言ったのではなく、究極的には『そうするべきだ』と言ったのである」とあるが、筆者は不勉強のためか永井のそのような解釈のもととなったニーチェのテキストをいまだ見つけられずにいる(筆者が『これがニーチェだ！』を最初に読んだのは一九九八年版で、二〇数年前のことであった)。まず実際にそれに該当するニーチェのテキストを読まないことには正確な議論はできないが、「どうして人を殺してはいけないのか」は、永井が言うように「素直で素朴な問い」であることは筆者も同意するし、彼の言う「聖人」(同21頁)――永井のような怜悧な人間であれば、これが反語である可能性が高いが――がその問いを禁止したことも、永井同様に不適切であると考える。哲学において、立ててはならない問いなどあろうはずがないからである。だが、殺人はいけないことであると哲学的に論証しえないことが純粋思惟における事実であるとしても、なぜそれが、殺したければ「そうするべきだ」という実践的判断にいきなり飛ぶのかがわからない。「痒かったらかけばいい」に対しては、それで痒みは取れるかもしれないが、皮膚がダメージを受けるのでやめておこうという判断もある(それゆえニーチェがそれについて実際に何と言っているのか、筆者は知りたいわけである)。

仮に永井の趣旨に添うそうしたテキストが実在するとした場合であっても、やはり筆者は永井／ニーチェ両者に「そういうことは実際に人を殺してみてから言ってくれ」と言いたい。筆者もまた人を殺した経験はない。だが、クリント・イーストウッド演じるウォルト・コワルスキー（映画『グラン・トリノ』二〇〇八年）なら、こう答えるだろう。「何の経験もないくせに」。朝鮮戦争に従軍経験のあるコワルスキー老人は、姉を暴行されてこれから復讐に行こうとするアジア人少年に、人を殺した時の気分を聞かれて、こう言い放つ。「人を殺して、どう感じるか？　この世で最悪な気分だ。それで勲章など、もっと悪い。〔……〕毎日思い出す。その気持ちがわかるか？」その老人は人を殺したことでダメージを受けた人間である。映画の登場人物のセリフなどを持ち出してどうしようというのかと思われたかもしれないが、筆者はこれと同じ趣旨の発言を、実際に戦争で人を殺した経験を持つ複数の人々の口から聞いたことがある。いつどこでだれが語ったかは、もう確かめようもないので映画の人物のセリフを借りた。戦争体験が数々の英雄譚や武勇伝や笑い話で彩られる理由の半分、あるいは半分以上は、こうした自分にまとわり続ける忌まわしい胸が悪くなるような記憶をいくらかでも軽減したいという切ない願いによって生じるものであると筆者は考える。

「そう望むなら殺せばいい」は、ニーチェのテキストを読む限り理屈の上ではそのような議論も可能だという話でしかない。ヒトの「善きこと」の前提を欠いている議論のための議論である。すでに言及した、凄惨な場面を見て反射的に起こる嘔吐が示唆する人間の中のピュシスを無視した議論である。もっともそうした光景を目にして嘔吐するような人間はアパティアに至る自己陶冶が不完全な「弱者」にすぎず、「強者」はそのようなものを目にしても嘔吐などしないとニーチェなら言うかもしれない（当のニーチェが、本当にそれに耐えうるそうした「強者」であるかどうかは別として）。永井／ニーチェが人を殺したのちも意見を変えなかった場合は、こちらも身を正し、あらためて謹聴したいと思う。

筆者が明らかにおかしいと思う永井の主張を、ここで一つ指摘しておきたい。『ルサンチマンの哲学』（29頁）で「プラトン以前の古典ギリシア的な観点から言えば、『偽善』なんてことはそもそもありえないのです。公衆の面前で立派な働きをすることがすなわち価値あること、立派なこと、善いことであり、それが即名誉なのですから、現に立派な働きをしているのに心が汚いから駄目なんて話は、意味すらわからない馬鹿げた話です。逆に、現実に立派な働きもできないのに心だけ清いなんてことも何の意味もない」と永井は述べている。古代ギリシャにおける「立派な働き」の背後に「偽善」があるかどうかなどということを問題とする観点などないのは確かであり、その点は同意できる。それはいいとして、この発言の中には三つの間違いがある。

①　ソクラテス／プラトンがトラシュマコス／カリクレス的政治観・正義観を不可とするのは、そこに偽善が含まれているからではなく、彼らのような考え方で事に当たる限り、論理的帰結として、決して「立派な働き」という結果が得られないから不可としているのである。ソクラテス／プラトンが考えているトラシュマコス／カリクレスの問題点とは、「立派な働き」

という結果が得られない間違った考え方を正義だと主張していることにある（すでにトラシュマコスA・Bによる泥棒の例で述べた）。

②　そこに偽善が含まれているからその意見は駄目だ、などということはソクラテスは一言も言っていない。トラシュマコス／カリクレスの意見が偽りのない真率なものであることを前提に、ソクラテスは議論を進めている。彼はニーチェのように、相手の発言は偽善から発したものなのではないかなどというせこい詮索はしない。言葉そのものを正面から受け止め、その正否を議論するのである（ニーチェのせこい詮索は、価値の逆倒というせこい手法を使って復讐を果たそうとするルサンチマンに満ちたせこい連中の正体を暴く視点を持たせる分析を行った点で、一つの偉業である。二千年に渡って内臓にこびりついた脂肪を除去する道を開いたことがすばらしいのであって、健康な内臓［ソクラテス／プラトン］にまで攻撃を加えるのは免疫機能の暴走である）。

③　ソクラテス／プラトンが「心が汚い、清い」という言葉をどこかの文脈で使っていることはあるかもしれないが、これも「偽善」と同様に、彼らの道徳論における本質的観点ではない。ソクラテス／プラトンもまた国家・社会が正常に機能するにはどうあるべきかという観点が最優先にある。「偽善」および「心が汚い、清い」は、むしろのちのキリスト教道徳の装いを後付けした観点である。永井の本からの引用個所の小見出しは「キリスト教的内面の成

立」となっており、永井自身もニーチェと同様に、ソクラテス／プラトンの道徳論がキリスト教道徳と一直線に結びつくものと考えているようだ。これを四つ目の間違いと言っていいかもしれない。

永井は『ルサンチマンの哲学』（96頁）の注4で、「もしすべての人がソクラテスの教説に同意し、人生と行為に対する関心を道徳的正邪にのみ集中したならば、行為が『ためになる』その人（逆にいえば、不正な行為によって害される人）は存在しなくなるだろう。道徳は本来、自体的価値ではない」と述べ、97頁の注5で「この［ソクラテスの―筆者］概念構成の下では、美、健康、生命、名誉、勇気、友情、幸福等、諸々の道徳外的価値が［……］その本質の内に道徳的意味を刻印されたり、道徳概念の下に従属されたりすることになる」と書く。永井は道徳を、現実とは関わりを持たない抽象概念、現実とのかかわり抜きで正邪を語れるもの、空に浮かんだ虹のように、それを見てきれいと思うだけで、それを見たから現実がどうこうなるものではないもののように考えているようだ。だが法律が主に共同体に望ましくないことを禁止・抑制する役割を受け持つのに対して、道徳は共同体の成員が共同体にとって望ましい行動を内発的に取ることを期待して、成員同士の間で自然発生的に形成されるものであって、現実に無関係に存在する道徳などあろうはずがない。「自体的価値」とのつながりを持つから道徳が道徳として意味を持つのであって、すでに述べたように、ソクラテスの念頭にあるものもまた、現実的な功利や実効性という自体的価値とつながる道徳である。単にきれい・清い・汚いの話ではない。逆に問うなら、カリクレス的価値、すなわち金品、社会的地位、権力等がなぜ自体的価値と呼びうるのか、筆者は素朴に、それらが暖衣飽食によって寒さや飢えを避けることを可能にし、性的欲求を満たす可能性の拡大、その他さまざまな生物的欲求・必要物を実現・獲得することにつながるからだと考える。永井はこうした具体物は自体的価値につながるが、美などの抽象概念は自体的価値につながらないと考えているようだ。だが、およそ人がものを考える上で自分の生命維持・種の維持につながらないことを考えるということの方が奇異な見方であって、すべてはそこにつながると考える方が自然である。

例えば美について言えば、ここでは差し当たって最も単純な例しか提示できないが、人が美男美女を判定するのは顔の部位同士の距離における比率構成の完全な平均値を取るものを良しとすることで決まる。なぜ整った平均値を取る顔を魅力的と人が捉えるかは、そうした顔や均整の取れた肉体が、その人が生命維持に有利な、体表にゆがみをもたらすことのない環境に育った個体の末裔であり、優良な遺伝子を持つことを暗示するからである。だからその人を生殖の対象にしたいと思う。スカートやネクタイのような服飾における美もまた、それらが両性の性器の象徴として相手に自分の性的存在性をアピールする無意識的な意識（？）と関係している。ものを考えるということが、ヒトという生命体の生命活動である以上、そこに生命論的観点が介在してくるのは、むしろ当然ではないのか。それゆえソクラテス的道徳のような、「それが貢献すべき（道徳外的）よき生がもはや存在しえない世界での自己目的化された（道徳的）正しさは、自己満足のための守銭奴的倒錯でしかない。それは、商品購入の目的から切り離された、道徳貨幣の自己目的化された蓄積だからである」（同79頁）という永井の指摘は間違いであり、ソクラテス的道徳は、正しい商いをすることがよい儲け（自体的価値）につながるのだと教えているのである。それゆえまた、カリクレスはソクラテス／プラトン的「世界解釈の外部に立つ者なのだ」（同83頁）も間違いであり、両者は同じルールで同じ土俵の上にいる。両者の道徳観の優劣を論じるのは、ボクサーとレスラーの優劣を相撲で決着をつけるようなもの、という永井の比喩は、当たらない。

だが、永井の議論はさらに道徳論の極北へと向かう。カントの定言命法を永井のように「道徳的フェティシズム」（同86頁）と呼ぶことは可能であろう。永井が指摘している通り、すべきことやしてはいけないことが、いかなる人間的欲求とも無関係に存在するのだというカントの主張はきれいに裏返すことができる。利己的欲求はもちろん利他的欲求さえも捨てて、ただ道徳法則に従うことだけを動機にして道徳法則に従うことが可能だというカントの主張は、端無くも、その逆のことが可能であることも暗に言ってしまっていることになるという永井の指摘は正しい（同158頁）。

やや話は飛ぶが、『啓蒙の弁証法』[64]は第二次大戦中に刊行された本で、「啓蒙は野蛮へと退化する」というアドルノ／ホルクハイマーのテーゼが未曽有の規模で如実に顕在化した最初の歴史的事件が第一次大戦である。ニーチェの同情批判論は彼の奴隷道徳批判の一部をなすものだが、ニーチェのオリジナルということではない。それはキリスト教的同情道徳が席巻するはるか以前に、アリストテレスからストア派を経て受け継がれ、その席巻以後もモンテーニュやスピノザなどによってヨーロッパ社会で根強い知的伝統を形成してきた。『啓蒙の弁証法』補論Ⅱ「ジュリエットあるいは啓蒙と道徳」でアドルノ／ホルクハイマーもまた、ニーチェの同情批判論を支持し、自由の問題として人をモノとして使うマルキ・ド・サドのビザールな世界における「良心の呵責からの自由」、啓蒙的理性を解放とは逆の抑圧の道具として用いることで敢行される獣的な退行への知的な喜びも、啓蒙的理性のポジ・ネガの二面性におけるネガ（陰画）として、ありだとする考えを述べている（『啓蒙の』P144-146/S.114-115）。神の律法を自律へと変形しようとしたカントの「格率」に基づいてすべてを行うという原理は、「また超人の秘密でもある」とし、ニーチェの虚偽への恐怖がすべてを透明化し、それによって啓蒙そのもの、真理すら、もはや偶像にすぎなくなると言う（『啓蒙の』P170/S.135）。それゆえサドの物語の中で、ジュリエットの求めに応じて法王は殺人という非キリスト教的行為の正当化をこともなげにやってのける。

だがそうした道徳の極北を論じる書物の共著者であったアドルノも、ユダヤ人をモノとして扱ったアウシュヴィッツもありであるとは考えなかった。その変節――そう言ってよければ――は、なぜ起こったのか。観念の世界でありとされた、人をモノ化する自由が現実に行われたとき、観念ではなくアドルノの体の細胞一つ一つがそれを拒絶したのであろう。ここでメビウスの輪をたどってきた道徳論の軌跡は元の地点に戻る。『ルサンチマンの哲学』（149頁）で川上未映子（敬称略す）の素朴な疑問、「それで実際上の問題になってくると、もうここで言ってた議論みたいなものと、哲学的な議論がちゃんと導くところのものが役に立たなくなるんですよね」に対して、永井もそうだと認める。道徳の極北の認識に達した瞬間に人類が消滅するならけっこうな話だが、我々はその認識後も日常を生き続けなければならない（あるいは生き続けたいと思っている人がほとんどだという事実がある）。で、どうするの？という川上の質問に対する永井の答えは、ふつうの生活をするだけだということにとどまる。そもそも道徳哲学が扱うのは、そうした「ふつうの生活」をどういう原理の下に生きればいいかという問題だったはずである。ふつうの生活をどうやって生きていくかを考える者にとって、道徳を根拠づける究極的原理はないという極北の認識は、何も言っていないことと大差はない。

ジュリエット論での究極論とは異なり、アウシュヴィッツ以後に書かれたアドルノの『アンガージュマン』に出てくる「不正」「正義」という言葉は[65]、我々が日常的に使うのと何の変わりもない意味で使われている。道徳の極北を知る者が使う日常語としての「正義」と、そんな極北のことなど露知らぬ一般人の日常語としての「正義」に、違いがあるのかないのか、筆者には何とも言えない（概念の背景に認識が一つ加わっていることは重要とは思うが）。さらに言えば、日常語としての「正義」に終始しているかに見えるソクラテス／プラトンの「正義」が、とうの昔に「極北」の認識の果てに提起されたものではないと誰が断言できるだろうか。アドルノ／永井はカントのポジに対するネガを提示した訳だが、いかなる人間的欲求とも無関係に存在するというカントのポジの原理が、果たしてそもそもありうるものなのか（なければそのネガもまた空語となる）。カントにそう言わせた当のものとは、彼の中にある生命論的基盤だったのではないか。自我はカントによって統覚の総合的統一と呼ばれたが、その自我それ自体は、物質的存在を成り立たせる条件であるとともに物質的存在である生命体の諸条件から生み出された産物でもある。ニーチェは、身体は思惟に先立つ思惟以上に信頼すべきものと唱えた人々の先駆けの一人である。

むしろ、わが兄弟たちよ、健康なる肉体の声に耳を傾けよ。これぞ、より誠実なる、より純粋なる声なれ。

健康なる肉体は、完全また方正なる肉体は、より誠実に、より純粋に語る。しかして、それは、大地の意義について語る。（『ツァラ』P50/S.38）

「そう望むのなら殺せばいい」は、百歩譲って、個の生命論としては力や可能性の拡張的発現として称揚されうるとしても、それが種全体にとっての生命論としては、逆の要素にしかならないものなのではないか。『これがニーチェだ』（53頁）で永井も引用した『朗らかな知』（『華やぐ智慧』）289は、同情について、かつて人間が語った最も美しい言葉であると筆者は考える。
だが、そうであるとしても、二〇一九年一月二四日千葉県野田市にて栗原心愛《みあ》（敬称略す）一〇歳を虐待の末に死亡させた父勇一郎の行為は、『朗らかな知』289で語られるように、悪人もが持つべき「自分の太陽」の一例であるとして、それもまたありだと勇一郎に認めるわけにはいかない。我々の栗原心愛は両親の私物ではなく、同じ種である我々の生命の延長でもあり未来でもあった。我々の肉体がより誠実に、より純粋に声を発する。それを否とせよと。

ニーチェは、一八八九年一月三日トリノのカルロ・アルベルト広場で御者に鞭打たれる馬を見て駆け寄り、馬の首をかき抱いて泣いた後、昏倒した。ニーチェがその後に発狂したのか、その時すでに発狂していたのかは、どうでもよい。彼の肉体の細胞一つ一つがそうした行動を取らせたのである。

註

1 周知のようにソクラテスは著作を残さず、彼の言行を今日に伝えるのはプラトンや他の数人の弟子たちが残した対話篇である。その中でも圧倒的質と量を誇るプラトンの対話篇が今日に至る我々の主たるソクラテス像を形成してきた。後世の人々がソクラテスについて語ったもののほとんどはプラトンの対話篇に基づいている。本書において、必要となる場合にはソクラテスとプラトンとの哲学上の差異にも触れるが、ソクラテスの言行についての記述は、特に断らない限りプラトンの対話篇に依っている。

2 ダーフィト・シュトラウスへの批判はニーチェにとって、おそらく「方法的敵意」のエチュードでしかなく、シュトラウスにとって個人名を冠した自分への批判は、今日から振り返ってみれば、むしろ身に余る栄誉とされてしかるべきだったかもしれない。

3 例えば、『ゴルギアス』521Dにおける自分が真の政治家であるというソクラテスの自己規定など。これはプラトンの哲人王構想の萌芽であり、ソクラテス自身のものではない。

4 ヘーゲル『哲学史講義Ⅰ』河出文庫、二〇一六年、49頁。訳文は一部改変したが、長谷川宏訳を用いた。原書は長谷川訳の底本とは異なるが、G.W.E.Hegel Werke (suhrkamp taschenbuch.wissenschaft 601-621) 9.Auflage 2014のうちstw618-620の三巻を参照した。この個所は第一巻（stw618）のS.38で、以下（P49/I-S.38）のように本文中に表記する。

5 ハイデッガー『形而上学入門』平凡社、二〇一五年、292頁。

6 蛇足ながら、仏教においても同じようなことが起こる。命がけの過酷な修行を達成した者が大阿闍梨などの称号を得て尊崇の対象となる。仏陀自身が肉体を酷使する修行の無意味性を説いているにもかかわらず、あえてその教えに反して何千年にも亘って相も変わらず同じような肉体的修行が繰り返されるのは何故かと問うならば、同業者への示威行為でしかないと考えるしかなかろう。つまり、自分はお前たちよりもはるかに苦痛に耐え懸命に仏道に励んでいると同業者にアピールし、それを僧侶同士の位階づけの根拠とするマッチョの論理である。三日寝ていないことをさりげなく自慢したがる空かしたあんちゃんと本質的な差はない。世俗的な序列意識など仏道とは本来何の関係もない。仏道を真に求める者にとって他人との比較など意味をなさず、他人から高僧と見られるか、でくのぼうと見られるかは、どうでもいいことのはずである（他人が自分をどう見るかを意に介するか介しないかは、本物か偽物かを見分ける指標のひとつである）。過酷な修行の経験からしか見えないものがある、というのなら、一〇代で結婚し、死ぬまで平凡な主婦で生涯を閉じた人間にしか見えないものがあるというのと同断である。非日常的修行が平凡な家庭生活よりも尊いものだというのは、マッチョ志向の人間の手前勝手であり、おそらく仏陀はそのようには考えなかっただろう。トイレ掃除も子供の弁当作りも、人間が生きるためにしなければならないすべての行為は仏教的には修行である。マッチョは滝に打たれたり断食したりといかにも修行らしい修行をしたがる。彼らが悟りと呼んでいるものの正体が肉体の酷使による脳内物質の変異に起因するものでしかないとするならば、平凡な家庭生活から得られる悟りと比べて、より胡散臭いものとなる。私見では、最も過酷な修行の場とは日常生活に他ならない――実際に精神を病んだり、自殺する者が後を絶たない。修道院や修験場のような世俗から隔離された空間は、むしろ虚弱な精神が世俗の過酷さから逃れることができるための保護施設といえる。その最も大きな理由は、隔離された空間では自分と向き合うことが主要な務めとなり、他者と向き合うことは俗界に比べてはるかに軽減されるからである。他者と接触しなければならないということが、その人が良質な人間であればあるほど、人間にとって不条理に満ちた最も過酷な修行だからである。「地獄とは他人のこと」（サルトル『出口なし』）なのだから。

その教説の発端となった者の言行が受け継がれる過程の中で、伝言ゲームのように、途中で伝言する者の凡庸さや利己心、我欲が介在し、当初の教説とは異質なものへと変容するのは、洋の東西を問わず当たり前のように起こることである。知性と自由な精神とは不可分な関係にある。何かに拘束されている精神が正しく知性を発揮することなどありえない。自由な精神を欠くならば、極めて知的な人間といえども、それとは気づかぬまま恐ろしく痴的なことをやらかすということである。王様の見えない衣についてあれこれ高度な思弁をめぐらすのは知的大人たちの本領とするところであるが、王様が裸だと指摘した子供はとりたてて知的だった訳ではない。ただ大人と比べて精神が自由だったのである。

7 セネカ『怒りについて』岩波文庫、二〇〇八年、104頁。

8 登張竹風（一八七三―一九五五）。独文学者。東京高等師範学校教授。一九二一年に『ツァラトゥストラはかく語りき』を『如是経序品――光炎菩薩大獅子吼経』という邦題で訳す。

9 『国家』に登場するソクラテスの友人ポレマルコスも財産没収を目的に殺害された。

10 不正の側に与しないというソクラテスの意志は死の威嚇をもってしても覆しえないという例は、この二年前にもあった。紀元前四〇六年アルギヌサイ沖海戦でアテナイ側は勝利するが、沈没した自軍の乗組員の救助と遺体の回収を暴風のために果たせなかった。一〇人の将軍のうち戦闘に参加しなかった一人を除き九人の責任が問われ、通常の裁判とは異なる人民会議に付し、そのうち六人に一括して有罪が宣告された。この判決の背景には審判者たちの党派的思惑がからんでおり、個人個人ではなく六人が一括して裁判された点、六人に弁明の準備のための十分な時間が与えられなかった点で法に悖るものだった。評議員（プリュタネイス）だったソクラテスは、その日議長を務めており、その判決が違法であることを主張し、ただ一人反対票を投じた。有力議員たちはソクラテスを告発・逮捕する気勢を示し、他の議員たちもそれに加勢して場内は怒号に包まれるという事態となった。ソクラテスは投獄や死刑を怖れず、節を曲げなかった。寡頭制以前の民主制期のことである。のちにアテナイ人はこの不当判決を後悔し、今度は将軍たちの訴追者たちを逆に訴えるということを行っている。

11

ドイツ語ではデモーニッシュ（dämonisch あるいは名詞化した das Dämonische）が流布しているが、これは直接的にはダイモニオン（「ダイモーン的」という意味となる）とは別の形容詞ダイモニコス（「ダイモーンに憑りつかれた」の意味合いを持つ）に相当するドイツ語である。ゲーテが自作の戯曲『エグモント』に対するシラーの批判をかわす自己弁護のために用いたことで、ドイツ語圏で広く使われるようになった言葉である。ドイツ語圏でダイモーンについて言及される場合、その語は神霊の諭しという、もともとの意味合いで用いられることは少なく、人間（または芸術作品）に内在するいわく言い難い凶々しい諸力というイメージで使われることが多い。ローマ期や中世は無論のこと、その後も多くの人間が数えきれないほど様々な言説をこの語に費やしてきた。一九世紀においてもロマン派やキルケゴールなどがソクラテスのエイロネイアー（皮肉、空とぼけ）に由来するイロニーとの関連で、このダイモーンという語に多様な解釈を施している。だが、それらが何か特定の思想内容と限定的に関連付けられる場合は、行き過ぎた解釈とされねばならない。まるでソクラテスの頭の中をのぞくことができるとでもいうかのような、そうした特定の解釈をする根拠も必然性もないからである。我々が知りうるのはカタレプシーを起こしているという外形的状況だけであり、ソクラテスの思考内容までは知りえない以上、特定の内容に議論を限定する根拠などあろうはずがない。一般的生体反応として外から推測しうるとすれば、ダイモーンに捕らわれた状態とはおそらく、ソクラテスの脳内のスーパーコンピューターが発動し、高速演算が開始され、全生体機能が思考へと集中することで体が硬直しているものだと考えられる。彼が神霊の諭しと呼んでいるものは、要するに彼自身の思考が生み出した結論であり、彼の尋常ならざる思考力がたどる思考経路を彼自身が後から振り返ってもたどることができず、ダイモーンが自分にそう告げてくれたという説明しかできないのであろう。羽生善治が、家庭で食事中に突然箸が止まり、思考に集中しだすと、それを見ている妻子は、お父さんはまた宇宙へ飛んで行ってしまったね、と言うそうであるが、それと同じ状態ということであろう。羽生善治は特定の哲学思想ではなく、たぶん将棋のことを考えている。

ここから先は古代史の素人である筆者の勝手な想像である。ギリシャ人は人智を越えた問いに対して答えに窮すると、その最終判断をデルフォイの神託に仰ぐ。これは最高の智者であったソクラテスでも同じことで、神託が告げたことならそれに従うべきと彼は考えていた。ところで古今東西どの文化圏の神であろうと、人間の口を通さずに語れる神などいたためしはない。人間であるどこかの誰かが、「神の言葉」を語るのである。デルフォイの神託では女性である巫女（ピュチア）が語る。女性は古代ギリシャ社会では通常、知的活動には携わらない存在である。女性が世の重大事について、これは私自身の知的判断であると言えば、あざ笑われるか、懲罰を受けたであろう。古代の女性の中にも当然ながら男に引けを取らない最高度の知の保持者がいたはずであって、そうした女性たちは、自分ではなく神が語る言葉として最高度の知的見解をギリシャ社会にもたらしていたと考えることができるのではないだろうか。そしてこれも想像だが、そうした天才的女性たちは孤立していた訳ではなく、巫女やヘタイラ（芸妓）の姿を借りて、男たちの表の公的な知の営みに対して、いわば裏の私秘的知の営みに携わり、男たちからはそれと知られることのない形でギリシャ全土に広範囲にわたる知のネットワークを形成していたのではないか。そこから上がってくる膨大な情報を吟味・分析した上で、最も妥当性のある最善の判断を神のお告げとしてギリシャ社会にもたらしていたのではなかろうか。『饗宴』のディオティマが仮にプラトンの創作上の人物であったとしても、アテナイの黄金時代を築いたペリクレスが妻との離婚後、紀元前四五〇年から四四五年にかけて同棲したアスパシアの例もある。彼女はもともとミレトスからアテナイにやって来たヘタイラであったが、類まれな教養と才智を持っていたと言われている。

12

卓越した人物がそもそもなぜ俗衆に抜きんでるかといえば、彼らは低劣なもの、愚昧なものに出会うと可能な限りそれとは反対方向に距離を取ることで自らの志操を維持しようとするからである。彼らはそうしたものに遭遇すればするほど、より遠くへと反対方向に距離を取る。言ってみれば、彼らは低劣な輩との遭遇を繰り返すことで、自らの意志とは関係なく、期せずして高貴な存在の高みへと昇っていくのである（それゆえニーチェは、そのような意味で、自分を攻撃する敵対者に対して感謝の念すら持っていることを――反語ではなく――述べている）。凡庸者は逆に、汚染されることへの衛生意識が低く、低劣なもの、愚昧なものの一部を自分の中に取り込み、自分に害を及ぼしかねないごろつきたちとの距離を縮めることで対立の様相を和らげ、彼らに半ば恭順の意を示し、彼らから敵視されることを避け、累が及ばないようにと心がける。そうすることで「可愛げのある」凡庸者は金品や地位や権限という往々にして非道な権力者ほど豊富に持つものの一部を手に入れ、「社会的成功」という表層を手に入れる。凡庸者とは、自らを金と為すことよりも、金メッキでおおわれることの方を望む者のことである。低劣なものへの同調や迎合にやましさを感じていない五月の青空のように薄馬鹿な人間とか、金と金メッキとの違いがよくわからないおめでたい人間などはそれによって幸福でいられようが、そこまで鈍物ではない内心忸怩たる思いのある良識者であれば、低劣さから遠く距離を保てる者を尊敬するかと思いきや、往々にして、自分の中のやましさの度合いに応じて、自分にはできないことができる孤高の存在をむしろ憎悪するのである（その意味では、あまり良識者とも言えないが）。

凡庸な大人がよく口にする若者への決まり文句「お前も大人になったらわかるさ」は、堕落が人間的成熟の条件の一部であるかのように偽装した訓戒である。下劣や愚昧に抗うために必要となる知恵とは、本から得られるものではなく、自分の実体験から少しずつ身につけていく他ないものである（だから受験勉強が得意だっただけの秀才のなれの果てである一部の三流官僚は、権力者からのちょっとした脅しや教唆で、いとも簡単に道を踏み外す。そこでこそ発揮すべき面従腹背という彼らの得意技を生かそうとしない。知恵の使いどころを知らないということは、知恵がないというのと同義である。エリートとは、単に知能の問題ではなく、生き方の問題である。ただの腰巾着は「利口な」人間ではあっても、エリートではない）。若いうちから知恵を鍛えることを怠れば、若者の多くはそうした哀れな大人の轍をたどり、同じ負け犬の決まり文句を次代の若者に繰り返すことになるだろう。

13 カルミデスに政界入りを勧めたのはソクラテスであった。

14 加えてアニュトスは、上述の表層の理由においても、反ソクラテスの動機を持つ。彼はソクラテスに論難されて怒り、脅し文句のような言葉をソクラテスに投げかけてもいる（プラトン『メノン』94E）。

15 プラトン『第七書簡』325E（『プラトン全集14』岩波書店、一九八一年、111頁）。

16 「最偉大の者があまりにも卑小なること！――これぞ、人間に対するわが憤懣なりき！　しかして、最卑小なる者も永劫に回帰すること！――これぞ、いっさいの存在に対するわが憤懣なりき！

ああ、嘔吐！　嘔吐！　嘔吐！」（『ツァラ』P326/S.274-5）

17 クサンチッペが史上まれなる悪妻だったというのは、おそらく後世の作り話でしかなく、彼女はどこにでもいる平凡な主婦だったのだろうと思う。要は、平凡な人間がソクラテスのような人間と連れ合いになれば、そこにさまざまな異文化摩擦が生じるのは必然であった。結婚はした方が良い、良い結婚をすれば幸せになれるし、悪い結婚をすれば哲学者になれる、というソクラテスの諧謔は、単なる戯言ではなく哲学の本質をついている。女とは、男にとって常に実存的問題であり、哲学する者にとって、「驚き」であり「恐怖」であり、場合によっては「眩暈」であり「吐き気」でもあるからだ。さみしいというのが欠乏に由来する感情であるならば、最初からないものに対して欠乏感など持ちようがない。他者の存在が常態化したのち、その不在に対してさみしいという欠乏感が生じる。イヴを造った神様は随分と余計なことをしてくれたものである。だがその他者の誕生によって人間に知というものが生まれる。それ以前のアダムは、思考することのない一個の動物にすぎなかった。リンゴをかじらせなくても、イヴが意味不明な話でアダムを煩わせ続ければ、アダムは知に目覚め、哲学者にもなったであろう。ゲーテのように、「女性的なるもの、われらを引きて昇らしむ」（『ファウスト』最後の一節）のような幸福な例もまれにはあるのかもしれない。だが、多くの哲学者の場合は、足首につかまり脛にかじりつく地獄の亡者のような女たちを振り払いながら、天上から垂れた一筋の蜘蛛の糸をたどって必死に上へと這い上がるというのが実情であろう。上から引き揚げてくれる場合と、下から追ってくるので昇らざるを得ない場合とがあるが、高みに昇らしむる点では変わりは無いので、どちらの場合も大変けっこうで、ありがたいことである。

［補註］

以上が二〇一九年に出た新書版『ニーチェ、知への問い』の註17である。ある人物の女性差別発言が社会問題化した際に、この註17は果たして問題なしとしないかどうか、知り合いの女性学者に意見を聞いた。これは、まあ、アウトでしょうね、というのがその人の回答で、それを聞いて筆者はがっくりとうなだれた。「クソババアと呼ばれるべき人は実際にいます」と声望ある老齢の女性タレントもテレビで言明していたし、「地獄の亡者のような女たち」と呼ぶべき陋劣極まりないろくでなし女にも筆者は実際に出会っているので、そう書いた。フェミニストたちが、そんな女性はいないと仮に主張することがあるとすれば、それは学問的発言というより政治的発言と捉えるべきであろう。ただ、そうした特殊個別の人格を、女性一般の属性であるかのように受け取られかねない書き方をしてしまったことが筆者の不覚であり恨事であった。「上から引き揚げてくれる場合」も併記したので、これでバランスが取れてぎりぎりセーフかなと思っていたのだが、筆者のような年代の者が「ぎりぎりセーフ」と思うようなことは、昨今ではたいがいアウトと心得るべきと改めて思い知ることとなった。

18 ディオゲネス・ラエルティオス『ギリシア哲学者列伝（上）』岩波文庫、二〇一三年、37頁。

19 それとは逆に、都会に住んでいるという当人にとって何の手柄にもならない一事をもって、自分には地方に住む人間を見下す資格があると思い込んでいる人間は、単にドイツ人に生まれたことで自分がユダヤ人のマルクスやアインシュタインよりも優秀であると思い込むナチ的パーソナリティーとの親縁性を持つ点で、より危険である。本質的に田舎っぺであるがゆえに陥るこの都会人幻想の根底にあるのはルサンチマンであり、民族差別意識とも同じ根を持ち、いくつかの条件が整えば極めて暴力的な現れ方をするであろう負のエネルギーを内に秘めている。もともと都会に生まれた人間にとって、都会は日常生活を送るためのあるがままの故郷にすぎず、幻想も気負いも持つことはない。外から流入した田舎者だけが、都会とはこういうものである、こうであらねばならないと勝手に自分の都会像をその土地に押し付け、本来の都市景観を彼らのイメージに合わせて現実から遊離した軽佻浮薄なものへと改変する。東京の青山で自分の幻想にそぐわない公共施設の建設に反対した住民は、こうした都会人幻想に取りつかれた田舎者の典型例である。

20 ちなみに「面子を保つ」などというのは、洗練とは程遠い、卑賤の美学である。「誇り」と「面子」を世の多くの人々は混同しているが、両者は対極にある。最も気高い人間が死守するのが「誇り」であり、最も下卑た人間がこだわるのが「面子」である。どんなに自分が傷つこうが正しいことへ自らを促すものが「誇り」であり、自分が傷つかないためなら、どんな恥知らずな不正にでも自らを駆り立てるものが「面子」である。アッティカ風洗練において最も重要なのは「率直さ」ということである。つまりギリシャ的美風が根底に持つものは「真」や「実」であるのに対して、面子の美学は「偽」や「虚」に基づくものでしかない。「真」も「実」も無縁のヤクザがこだわるのは、無論、誇りではなく面子である。これは「賢者は害を被らない」（本書37頁）にも関わることなのだが、誇りある人間は過ちを犯したとしても、過ちが人の常である以上、そのこと自体が彼の誇りを傷つけることはない。率直に過ちを認め、謝罪するだけである。過ちを認めず、それをごまかそうとする行為こそが彼の誇りを傷つけることなので、そのような挙動に出ることはない。他方、面子を重んじる人間は自ら非を認めることはなかなかかろう。誇りある人間は自己の中に自分を肯定する基準があり、その意味で自律的であり、他方、外からどう見えるかが自分を肯定する基準となる面子を重んじる人間は他律的である。従って過ちが外から見えなくなればよい訳なので、いくらでもごまかそうとする。おそらく誇りという感情の発生源は他者への愛にある。その最も根源的なものは、この子にとって恥ずかしくない親になろうという親の感情であり、この両親に恥ずかしくない子供になろうという子の感情である。そこから人間としての誇りが生まれる。さらに派生して、仕事の師匠や仕事自体への愛から、その職業の名に恥じない仕事をしようという感情が職業人としての誇りを生む。他方、面子は、自己中心的な自己愛に発する。たぶん親に愛されなかった子供、親を愛さなかった子供、誰も尊敬したことがない子供が行きつく美学であろう。

21
議論が過熱し、ソクラテスは相手から殴られたり髪の毛を引っ張られたりすることもしばしばあったようで、相手から悪罵を投げつけられるのはいつものことだった。そうした場合も彼がじっと我慢しているのを見てあきれた人に対し、彼はこう言ったという。「騾馬が僕を蹴ったのだとしたら、僕は騾馬を相手に訴訟を起こしただろうか」（ディオゲネス・ラエルティオス『ギリシア哲学者列伝（上）』岩波文庫、二〇一三年、135頁）。

22 命よりも自分の信じる価値を選ぶことが常人には不可能なことのように書いたが、実際にはそうした人々はむしろ数え切れないほどいる。長い歴史の中で、英雄の霊廟は自分の思想に殉じた有名・無名の人間であふれかえっている。ただそうした人々のほとんどは、ソクラテスと同種の人間と見なすことはできない。彼らの信じる価値とは、大概、特定の時代、特定の地域でのみ通用する価値、吹き込まれ刷り込まれた価値、人を殺し己を殺すために捏造された価値、信念というより単なる幻想への酩酊だからである。狂信性とは実際のところ、何かを異常なまでに信じていることを意味するというよりは、むしろ価値など一切信じてはおらず、己の内容空疎に絶望し、自分が何かを固く信じているという偽りの自己像に逃避している場合がほとんどであろう。けだし英雄の霊廟であふれかえっている者の多くは、騙されたか、やけくそ気味に「英雄の死」を選んだ人々である。

23 ここを基点として『国家』全体のメインテーマである「正義とは何か」が論究されていくのであるが、プラトンが国家について論じるのは、個人のレベルで正義を論じてもなかなかその正体をつかみにくいので、規模の大きい国家のレベルで何が正義かを論じれば、より話が分かりやすくなるのではないかと国家論が展開される（『国家』368E-369A）のであって、国家論そのものが議論の出発点にあるのではない。

24 ソクラテスといえども人の子であり、怒りと無縁だった訳ではない。ソクラテスの怒りの徴は声が低くなること、口数が少なくなることと伝えられている（セネカ前掲書215頁）。プラトンもまた怒りに駆られて奴隷を打擲しようとしたことがあった。まさにその時、通りかかった友人に声をかけられ、その瞬間に己の姿を省みて、「その奴隷は、己の権能の下にない者の権能の下にあるべきではない」と語り、

打つのをやめた。奴隷を叱責するよりも、まず己を制御できていない自分を叱責すべきと恥じたのである。（同214頁）

25
世界の趨勢は死刑廃止に向かっている。被害者側の処罰感情からすれば死には死をもって償うという考えが捨てきれないのは止むを得ない側面もあるが、刑罰はそもそも復讐欲の達成を目的としている訳ではない。死刑廃止は、我々が持って当然な怨讐を超えて、長い時間をかけ少しずつ賢者の崇高な正論を目指している一例ではなかろうか。

26
「諸君にしてもし、私がここに自ら説明せるが如き人間である私を、死刑に処するならば、諸君は私よりもむしろ諸君自身を害することになるということである。なぜならばメレトスもアニュトスも決して私を害い得ないであろうから。また実際彼らにそれが出来るわけもないのである。けだし私は、悪人が善人を害するということが神的世界秩序と両立するとは信じないからである。勿論彼は恐らく私をあるいは死刑に、あるいは追放に、あるいは公民権剥奪に処することは出来るであろう。しかしこれらのことは彼やその他幾多の人々には恐らく大なる禍と思われるであろうが、私はそうは思わないのである、それより遥かに大なる禍は、今彼がしていることをすること、すなわち正義に反して人を死刑に処せんとたくらむことである。」（プラトン『ソクラテスの弁明』30C-D）

27
こうした一方的に決めつけた独りよがりな批判を、本書のテルミノロギーとしては「いちゃもん」と呼ぶ。「怪物」という卑称や、逆に「英雄」「聖人」などといういかがわしい尊称でソクラテスを呼ぶことは、その対象から虚心坦懐に何かを学ぶことをあらかじめ拒否する姿勢の表れである。距離を取ることで対象を自分とは別次元の存在へと祀りあげ、低次元にとどまる自分の無責を自他に納得させようという心理が働いている。自分と何ら変わらない一人の人間と見ることからしか、学びは始まらない。真の尊敬が始まるのもそのときからである。「ただの人間」が「聖人」などよりもソクラテスに与えられるべき、より格上の尊称であろう。

28 アルベール・カミュ『不条理な論証』(『シーシュポスの神話』新潮文庫、二〇一六年、所収)、22頁。

29 『ニーチェ全集1　古典ギリシアの精神』「プラトン対話篇研究序説」ちくま学芸文庫、二〇一五年、57頁。「プラトン対話篇研究序説」は、Crusius/Nestleの校訂になる講義案で、グロイター版ニーチェ全集に含まれていないため、訳書のページのみを記す。以下本文中では『古典ギリシアの精神』と略記しページ数を示す。

この「プラトン対話篇研究序説」においてもニーチェに特徴的なプラトンへの批判的姿勢が貫かれているが、ここには註27で指摘した「一方的に決めつけた独りよがりな批判」の最たるものが記されている。一般に評価されているプラトンの芸術家としての資質についてもニーチェは異議を唱え、その点を彼はプラトン哲学における数学の重視と結びつけて論じようとする。そして「経験は、芸術における偉大な天才には数学の熟練が全くないことを教える」(『古典ギリシアの精神』78頁)などという妄言を吐くのである。これはニーチェが口にした最も愚かしい発言の一つであろう。これに対しては、ダ・ヴィンチやフェルメールの名を挙げれば反証として充分であろうし、もっと単純な答えとしては音楽芸術と数学の関係を指摘するだけで、彼はぐうの音も出なくなるはずである。数学の苦手だったニーチェは、プフォルタ学院の試験で及第点をとれず、学則どおりの取り扱いをすれば落第する他なかったのであるが、人文系の学科があまりにも優れていたので、教師たちの特別措置によりお情けで卒業することができた過去を持つ。自分の嫌いなものの苦手なものの価値をとことん貶めようとする「人間的な、あまりに人間的な」ニーチェの姿が、ここに現れている。こうした細かい事柄を取り上げて「偉大なる」ニーチェをこき下ろすのは悪趣味だと憤慨する向きもあろうが、筆者がこのようなことを指摘する意図は、ニーチェにはそうした「人間的な」側面があり、我々と変わりのない人間であるという認識がニーチェ理解の出発点に必要だということを強調したいのである。その人が偉大な人間であるという前提で眺めている限り、その人の本当の偉大さは理解できない。我々に必要なのは、教祖に祀り上げて信仰の対象とする偉大さではなく、学びの対象としての偉大さなのだから。

30 「それ神はその獨子を賜ふほどに世を愛し給へり、すべて彼を信ずる者の亡びずして、永遠の生命を得んためなり」

31 『コリント人への第二の手紙』第12章第10節。

32 ここで言う異教弾圧政策とは、非キリスト教的ギリシャの文物一般を含むので、ギリシャ哲学もその対象となった。多くの哲学者が東方へ逃れ、高度な思想や知識がイスラム世界へ移動し、古代末期にヨーロッパ最大の頭脳流出が起こった。それによりイスラム世界での学問の隆盛、ヨーロッパでの長きにわたる知的停滞が生じたことは広く知られている。

ところで、ある種の「異教弾圧政策」は現代の日本でも行われている。経済真理教信者たちによって学問的探求が経済原理の下位に置かれ、経済産業に資する学問分野は支援促進され、金儲けと関わりのない分野は放置・削減される。政治家・官僚・財界人という学問の「が」の字も知らない素人が日本の学問研究・高等教育はこうあるべきと勝手に方針を決め、彼らの考える「役に立たない」分野は切り捨てられていく。日本国のトップが国際舞台で、今後日本は実用的な応用科学の分野に力を入れますと宣言するような無見識ぶりをさらけ出して失笑を買うのがこの国の現状である。素人が愚かしいことを言うのは、ある意味当たり前で仕方がないとも言えるが、昨今では大学の内部でもこうした素人考えが大手を振ってまかり通っている状況がある。というのも、こうした国の横やりが入ると、国とその浅はかさを共有し、それに同調することができる、およそ大学人——筆者はこうした人々を正確には「大学業界人」と呼ぶべきと考えているが——としては最低レベルの無知蒙昧な人間が往々にして大学のトップに立つことになるからである。大学の中でどの学問分野に重きを置くかを議論する際に、「役に立つかどうか（つまり金を生み出すかどうか）」という選別基準をことさら声高に主張するのは、学問には最も役に立たない連中であるのが常である。こうした三流大学では当然、頭脳流出が起きる。どこかの国では、農業の「の」の字も知らない「偉大なる領導者」が、米が増産できるようにと稲の苗をより緊密に植えるよう命じたため大飢饉が起こったという事例があったようだが、民主国か独裁国かの体制如何にかかわらず、独裁者的資質を持つ為政者というのは、似たり寄ったりのことをするものである。つまり、こうすればよくなるはずだと、知りもしないことに余計な口出しをして国を荒廃させるのである。

33 『プロティノス全集』中央公論社、一九八七年、第四巻、573頁。

34 カント『純粋理性批判（中）』、岩波文庫、二〇一五年、57頁。原書はImmanuel Kant:Kritik der reinen Vernunft (suhrkamp taschenbuch.wissenschaft 55) 20.Auflage 2014を参照した。この個所はstw55のS.340で、以下（P57/S.340）のように本文中に表記する。

35 ゲーテ『ファウスト』第二部第五幕（一一五八二行）。

36 マタイによる福音書第27章第46節。

37 『アウグスティヌス著作集』第一巻、教文館、一九八六年、149頁。

38 学問の世界においても、一部の人間の都合や思惑で決められたものが、実質以上の普遍性を僭称し、学問の現場を荒らしまわることがある。筆者はこの世には真の学問と称すべきものがあると信じる者であるが、大学で行われている学問研究がすべてまっすぐに真理を求めているものだと考えるのは、大学の外にいる人間の幻想でしかない。筆者が学者ならぬ「学問業者」「大学業界人」と呼ぶ者たちの研究とは、彼らの生息する学問ギルドの業界内での論理やしきたりや力学によってその方法や評価が決まるものであって、その業界内で自己完結するものであり、必ずしもこの世の全体に通用する真の普遍性に与かるものではない。その研究の普遍性、有効性、有用性の見せかけが、まずもって第一にそこでは求められており、本当に普遍的で有効で有用であるかは、そうでもあったらいいな位の二の次の話なのだ。彼らが「インパクトファクター」と称する論文の評価基準などは業界内部の都合で作られた似非基準でしかなく、ちょうどアカデミー賞がアメリカ映画産業界の内部事情で動いているものであって、映画の真の価値を必ずしも反映するものではないのに似ている。英語しか知らず、英語以外の外国語など大学で教えなくてもよいと主張する者たちは、英語でアクセスできる世界が世界の総体だと思い込んでいるようで、こうした三流学者が意思決定の中心を占める大学では、目新しい評価基準がアメリカで導入されると、それが世界の標準だと単純に信じ込まれ、その基準が独り歩きする。アメリカ様からそうしたカタカナ言葉がもたらされると、初めて文明の利器を見たジャングルの未開人のように、その言葉の周りで太鼓に合わせて踊り出すのである。学問がどのような経緯で歴史的に人類によって営まれてきたかなど念頭になく、ただ昨今のアメリカ由来のトレンドを追い、そうした業界の文法にそった論文が、優良な研究と評価され、潤沢な研究費や助成金の対象となる。彼らのほとんどは、批判的に言えば、ハリウッドの映画業界人がそうであるように、学問とは無関係な無知で無節操な商売人であり、中立的に言えば、ただのサラリーマンなのである。

39 『アウグスティヌス著作集』第四巻、教文館、一九八九年、60〜77頁。

40 この論点は「大審問官説話」につながる点で興味深いものがある。ただし虚構を虚構であると自覚しながら真理として説くことで弱き愚者たちの魂を救済しようとする大審問官の罪と崇高に、イエスが口づけでもって応じるというドストエフスキーの深い洞察は、アウグスティヌスには無論、期待すべくもない。

41 彼らは、自分たちが無謬であると国民に信じ込ませたいと考えているのであろうか。だとしたら、正気の沙汰とは思えない。間違いを犯さない人間などいるはずがないことはどんな子供にとってもわかりきったことであり、それは鷗外『最後の一句』の一六歳のいちさんにでも自明なことであった。彼らは間違いを認めなければ自分たちの権威が維持されるとでも考えているのだろうか。だとしたら、これもまた正気の沙汰とは思えない。間違いを認めず謝罪もしないのは、むしろ権威を失墜させるものである。権威どころか信用も失い人間性も疑われて当然な卑しい振舞である。ましてや間違っていると知っていながら、自分の自尊心を守るために無実の人間の人生を破壊することをも辞さないというのならば、人格障害者と呼ばれても仕方のない病的な所業である。自分の自尊心のためではない、自分たちの権威を維持することが法廷の権威を維持することなのだ、と考えているとしたら、これもまた大きな勘違いである。権威が維持されねばならないのは法の精神であって、裁判官や検察官個々人ではない。裁判官が入廷する際に全員が起立して迎えることが習慣化されているが、民衆に法の尊厳を知らしめるために芝居がかった演出がどうしても必要であると考えているのだとしたら、日本国民の民度を過小評価し、国民を愚民視するものである。むしろ、自分に恐れ入っている民衆の顔が見たいという民度の低い小役人的心性が、そうした芝居を必要とするのであろう。政府関係者は記者会見の際に日本国旗に一礼してから登壇するが、本来、法廷においても、我々と同じように間違いを犯すただの公務員に敬意を表することを義務づけるのではなく、法の精神を象徴する旗のようなものが法廷に掲げられ、裁判長も含め全員がそれに向かって一礼してから審理を始めるという形が望ましいのではないか。

42

ニュートンの偉大さの前に二四〇年ほどの間、誰も疑わなかった時間・空間概念の基礎をアインシュタインが白紙の状態から再考することができたのは、彼の知性もさることながら、権威を侵すことへの恐れに逡巡することなく目の前の事実から率直にものを考える彼の自由な精神が決定的な役割を果たしたと言えるだろう。権威になびくさもしい人間、権威を恐れる腰抜けは、もともとどんな高い知力を持とうと、次第に権威の磁場に引き寄せられ、おかしな方向に思考が歪められていくものである。アインシュタインは幼少期より、整列して行進する兵士たちに、なぜあのような醜悪な行動ができるのかと侮蔑の念を隠さなかった。そこに現れているのは強烈な反権威主義である。頭のいい人間なら世の中に掃いて捨てるほどいる。だが、何ものにも拘束されない自由な精神を持つ頭のいい人間はそうはいない。単に頭がいいだけで権威主義的な人間は、ドグマと現実との間に齟齬を認めるとその辻褄合わせのためにその優秀な頭脳を駆使してドグマの精緻化に一生を捧げる。お気の毒としか言いようがない。一事を為す者とは、何ものからも自由な人間だけである。

43 「なんぢら皆、この杯より飲め。これは契約のわが血なり、多くの人のために、罪の赦しを得させんとて流す所のものなり」(マタイによる福音書第26章第27・28節)。

44 人間の劣弱性に発する道徳のありようを理解するために、最も分かりやすい卑近な例を挙げよう。

もてない男というのは必然的に「道徳的」になる。女に手を出してもどうにもならないことを知っているので、手を出さない。やりたくともできないことをしないことと称し、それをもって自分が「道徳的」であることの証とし、もてる男を不道徳と断罪するのである。さえないおっさんは、やっとの思いで手に入れたしょぼくれた女房に一生しがみついているしかない自分ともてる男との彼我の違いに身もだえし、人知れず憎悪の焔を燃やす。どう逆立ちしても自分にはできそうもないことを、せめて自分と同様にできなくさせようと、もてる男の内面に「道徳」という毒物を注入する。陰湿な嫌がらせ、不当な冷遇など、もてる男に対し数々の「道徳的」な行動に出る。なぜ道徳が社会において威力を持つかと言えば、もてない男が多数派だからということに尽きる。自分たちにできないことができる者、それは悪を行う者であると劣弱な多数派は言う。道徳とはつまり、復讐である。もてる男は彼らに何をしたわけでもない。ありのままの自分でいただけである。四六《しろく》の蝦蟇《がま》が鏡に映る己の醜さにたらす脂汗、それが「道徳」である。塗っても傷は治らない。化膿するだけである。

45 仲井幹也『ニーチェの形而上学批判と身体の復権』長崎大学経済学部研究年報第29巻、二〇一三年、2頁。筆者が最初に書いたニーチェ論で、主流となっている一般的なニーチェ理解をそのままなぞっただけの拙論である。ただ本書の上記の議論に資すると思われる箇所だけを再録した。

46 性欲旺盛だった壮年期を経て、晩年になると完全な性否定論者となるトルストイも類似のケースだと推測できる。もっとも、性欲の強弱を客観的に計る方法などなかろうから、アウグスティヌスが自分の人並みでしかない性欲を過大に考えていたということもありうる。何ものからも拘束されていない人間であるならば、自分の状況を客観視し、様々な工夫によって危険なエネルギーを無害化する方法を考え出すものだが、抑圧の教義にがんじがらめになっている者は、客観的な自己分析もできず、工夫のための知恵すら働かなくなっている点で、より悲惨である。

47 一夫一婦制は、個体としてのヒトにとっては不合理な部分が大きいが、群れとなり社会性を持つことで生存を確保する生き物としては、極めて合理的な制度である——もてない連中のルサンチマンという現実的脅威を直視した上で、そうしたでこぼこ道を避け、平坦な道を選ぶという意味での合理性も含むが。群れを拒否し困難な生存に挑むか、不合理な制度に甘んじて安楽な生存を享受するかの選択である。不倫が軽蔑されるべき所以は、そのどちらも嫌だという小ずるい卑怯者のすることだからである。——ただし当事者でもない無関係な人たちによる不倫への極端なバッシングもまた、別のタイプの卑怯者のすることであろう。パリサイ人が奸計をめぐらし、姦淫した女をイエスの前に突き出し、石打ちの刑にすべしという律法を盾にこの女をどうすべきか問い詰め、イエスを窮地に追い込もうとした。「汝らのうち、まず罪なき者より、石を投げよ」(ヨハネによる福音書第8章第7節)は、その時のイエスの答えである。その答えを聞いて、彼らは一人去り、二人去り、そして誰もそこに残らなかった。パリサイ人は聖書の中で、欺瞞と虚栄に満ちた偽善者の代名詞である。だが、我が身を省みることのできた彼らは、まだ相当に上等な人間だった。現代の日本でイエスがそう言ったら、誰もがこぞってわれ先にと女に石を投げつけるであろう。しゃれにならない。

48

お笑いの大御所には下ネタを不可とする考えの人もいるようであるが、下品にならない下ネタを可能とする優れた腕を持つ芸人も少なからずいる。お笑いは、人々が自分の恥部としている性的事柄を、おならやげっぷのように人間に不可抗的に付随するただの微笑ましいものとして、人々を恥辱から救済するのである。お笑い芸人が性に悩み苦しむ人々をどれほど慰撫し、快活な日常を可能にさせているかは、宗教家や哲学者の貢献などはるかに凌駕していると言えるだろう。逆に、宗教家などは、むしろ弱き悩める者たちを罪や穢れという根拠のない言葉で恥辱のどん底へ突き落とし、それによって商売をしている輩が大勢いると言える。「君たちはまず此岸の慰めの芸術を学ぶべきだろう――若い友人たちよ、君たちがあくまでペシミストにとどまる気なら、笑うことを学ぶべきなのだ」（『悲劇の』P23/S.22）。願わくは、弱者の慰藉としての笑いにとどまるのではなく、我らもまた、獅子の咆哮に等しきツァラトゥストラの哄笑へと至りたいものである。

49

ドイツ・ルネサンスのクラナッハが描いたアダムとイヴの股間を隠している無花果の葉は、作者自身の手になるものだと思うが、『最後の審判』で描かれたおびただしい裸体の股間を隠している布は、ミケランジェロ自身のものではなく、後年に――つまり、健康なルネサンス期のフマニスムスが後退して、より不健康な時期になって――描き加えられたものであることはX線解析によって確認されている。ウィーン分離派機関誌『ヴェル・サクルム（聖なる春）』に掲載されたクリムトのテーセウスの裸体画には、股間をそのまま描いたものと検閲により樹木で股間を隠すものとの二つのヴァージョンが残っている。ウィーン大学講堂のクリムトの天井画が一大スキャンダルを起こしたことと相まって、そうした一連の出来事は、当時のウィーンがヴィクトリア朝のイギリスと同様に、いかに性に対する病的な過敏症に満ちていたかを物語っている。あの程度の絵を見て劣情を起こす者がいたとすれば、そうした者たちこそが、よほど助平であったということになるはずである。助平であること自体を非難するつもりはないが、問題はそれを欺瞞的に隠そうとする精神の在り方であり、そこに虚弱と未成熟が表れている。より深刻なのは、表現芸術家の不道徳性を糾弾することで自分が性的事柄とは無縁の存在であるかのように見せかけようとする——そんなことは生物である以上ありえないことはわかりきっているにもかかわらず——姿が、かつての共産主義諸国で、近親者に反国家的言動の嫌疑をかけ、密告によって自分の国家への忠誠心を証明しようとした者たちの卑劣さと通じるものがある点である。性を抑圧するこうした社会であれば、精神科医のフロイトが忙しかったのも道理であろう。

50
ニーチェの著書で最も多様な訳され方をしているタイトルが„Fröhliche Wissenschaft“である。『悦ばしき知恵』『華やぐ智慧』『愉しい知識』など多数の訳があり、一般に定着した訳名はない。ここでまた一つ増やすのもどうかと思うが、筆者は『朗らかな知』が良いのではないかと考えている。Wissenschaft という言葉でニーチェが意識しているのは、伝統的学問に付きまとう硬質、厳格、陰気で苦行を伴う営みのイメージであり、fröhlich「快活な」「陽気な」「朗らかな」という形容詞とは正反対のコノテーションを持つ名詞だということである。アドルノの『ミニマ・モラリア』献辞にある「悲しき学問 traurige Wissenschaft」は、このタイトルのさらなる反転である。通常「サイエンス」と同じく「学問」「科学」と訳される Wissenschaft という語は、個別学問ではなく学問の総体としての、あるいは学問の普遍的あり方としての「学」という訳語を用いることがある。「いかにして形而上学は学として可能か」という場合の「学」である。ほぼ「知」（das Wissen）に近い意味の広がりを持たせた言葉である。ニーチェが形而上学を批判的に論じるときの「形而上学」という語は、背世界者的思考形態としてのそれであることは間違いない。そして背世界者的思考形態とは、認識論としては彼岸主義的な固定的真理観として現れ、身体論としては性の敵視として現れる。つまり「朗らかな性」に対するのが陰鬱な性意識、そしてまた「朗らかな知」に対するのが硬直した陰気な学問であり、それぞれニーチェの中で対となる対立的概念なのである。ニーチェが訴えているのは、ベートーヴェンが書き足した歌詞のように、「おお友よ、このような知ではなく、もっと心地よい、もっと悦ばしい知を歌おう！」ということなのだ。「悦ばしき性」「華やぐ性」「愉しい性」では語義として奔放にすぎるので、「朗らかな性」がよろしい。だから筆者は、それを踏まえて „Fröhliche Wissenschaft“ の訳は『朗らかな知』が良いように思う。

51 これは、自分はアジア人ではないと考える日本人、自分は都民であると思いたがる首都圏県民、ただの消費生活をしているに過ぎない身で、自分は一般庶民とは違うと思い込んでいるセレブな一般庶民など、わりと普遍的に見られる思い違いである。

52 筆者がアウグスティヌスの著作で最初に手に取ったのは『神の国』であった。歴史的名著とされるものを実際に読んでみて、読後になにがしかの不満を持つことはよくあるが、この場合は「失望」などというものを通り越して呆然としたというのが実際である。冒頭の論理破綻についてはすでに述べたが、ここまで先を読み進めても同じような馬鹿げた論調が果てしなく続くばかりなのである。このような書物が歴史の風雪に耐えて今日まで残ってきたこと自体が驚きだが、近年においても世の高名な学者たちが数多くの著書で彼を論じ、しかも真顔で肯定的に賛辞を贈っていることに対して、何か集団催眠にかかっている人々を見るような思いである。まともにアウグスティヌスの本質を指摘している論者は筆者が知る限り、今のところニーチェだけである。ちなみに、本書のアウグスティヌス論をすべて書き終えたのちに、筆者はニーチェが彼について何を語っているかの確認作業に入ったので、筆者のアウグスティヌス論はニーチェの影響を受けて書かれたものではなく、アウグスティヌスの著作を予断なく虚心坦懐に読んだ上で、ニーチェとは無関係に成ったものであることを強調しておきたい。

53 結核のために一〇代で亡くなった無名の少女の句。

54 クセノフォーン『ソークラテースの思い出』岩波文庫、二〇一六年、155頁。

55 バルトルト・ニーブール（一七七六―一八三一）、ドイツの古代史家。

56 ニーチェは、周知のように文献学者から出発し、学問的枠組みの内部に留まることに満足できず、哲学の道を選ぶことになるのだが、学知の枠を超え出ようとする思想家の側面と知的誠実を重視する学究としての側面という通常では両立しにくい二面性を終生兼ね備えた人だった。だが残念ながら、『曙光』456の「ソクラテスの徳のなかにも、［……］誠実は現れていない……」（P326/S.275）というニーチェの批判は、彼が古代の彼岸性ばかりに捕われ、プラトン思想における近代に通じる要素を見落とす大雑把なテキストの読み込みしかしていないことの表れであり、プラトンを最初から色眼鏡でしか見ていないことの証左である。プラトンの「船乗りの比喩」で強調される「知的誠実」は、二人が知のあり方に対する同じ問題意識を共有し、同じ批判対象に対して共闘関係にあることを示す実例である。これは、ニーチェが批判している当の相手と自分が同志であることに気づいていないケースであるとも考えられるが、『アンチクリスト』57章で述べる、すぐれて精神的な人々、筋肉・気質の強い人々、そのいずれでもない凡庸者という人間の三つの型（P260/S.242）は、プラトンの『国家』の統治階級（為政者、智慧を体現）、防衛階級（軍人、勇敢を体現）、営養階級（生産者、節制を体現）の三区分（『国家』427D-432A）を、ニーチェがプラトンの門弟よろしくそのまま借用したものである。

57 有名な「洞窟の比喩」（『国家』514A-518B）を念頭に置いている。

58 プラトンは理想の国家像を語る上で、彼の提言が現実社会ではなかなか受け入れられようもないことを自覚した上で、その一つ一つの提言に対して世の中から押し寄せるであろう非難や抗議、罵声や嘲笑を大浪に譬えている。第一の浪とは、国家の守護者の任につく者が適性・能力によって決められるべきで、そこで性差を判断基準にしてはならず、男女の教育も平等にすべしという提言（『国家』454E-457B）に対して押し寄せることが予想される大浪である。当時の女性は各家に従属する私的な存在であり、公的な領域に関与することはなかった。第二の浪とは、第一の適性・能力主義から帰結する考えとして、妻や子供は各家単位に所属するのではなく、国家の成員の全体で共有すべしという主張に対する批判の浪である（『国家』423Eおよび449C以下）。これについても、理念というより実際上の解決できない不都合――親族同士がそれとは知らず同衾して子を作ることが起こり得る点など――があり、実現可能とは信じてもらえないだろうとプラトン自身が述べている（『国家』450C）。第三の浪が哲人王構想への批判である。

59 被害者が私人である個人としては復讐を望み、復讐の実現こそが正義の実現と考えるのには酌量の余地があり、被害を受けてもいない他者がそれについてどうこう言うのは僭越ともいえる。だが客観的には、それはやはり賢者の正論から外れ、地獄を味わわされた者が、さらに自ら地獄の業火に身を焼こうとする不幸な衝動でしかない。歴史上、復讐を遂げたことで、これで胸がすっきりしたと安寧を得た者など一人もいなかったはずなのだ。「彼は殺した、ゆえに我も殺す」の後に訪れるのは深い闇を伴う虚無であり、「彼は殺した、されど我は殺さず」の先にのみ、——その人自身にとって——小さな光を伴う希望がある。そこには殺人に対する優越があるからである。どのような非道を前にしても揺るがず、復讐や怒りにも拘束されない自由な精神とは神の領域かもしれないが、難しいにせよ、それもまた可能であることこそが人間の栄光である（逆説的に言えば、殺さないことが殺人者に対する最大の侮辱、つまり復讐ともいえる。もっとも、この理解のし方は、賢者の正論を復讐論の派生形へと貶める邪説でしかないが）。「復讐するは我にあり」は、復讐の権限をすべて神に帰属させることで人間から奪い取り、人がさらなる地獄の深みに陥ることを防ぐ一つの宗教的英知である。近代においては、その権限を国家が奪う。私人ではなく民主国家の成員たる公民としては、被害者もまた私情ではなく公的正義に帰順すべきなのだ。国家もまた、公的正義よりも個人の私情を優先させる国家であってはならないのである。

60　真の民主国家では法が支配する。人間はみな凡庸であり哲人王など存在しないことを前提とするので、すべての人間は法の下におかれる国家であり、国家の成員は誰もが法の遵守のみを考えておればよく、最高権力者もまた法に縛られた存在である国家である。法を無視してその意向を忖度しなければならない最高権力者は、通常、専制君主と呼ばれ、そうした最高権力者や、それにさもしく追従する臣民的官僚の一団を擁する国家とは、ようするに専制国家ということである。

61　プラトンが、物事の精緻化にあまり重きを置かなかった人間であったことは、法規定のあり方についての考えにも表れている。国家のあり方というものは、いったんうまく動き始めるといわば循環的に成長していくものであり、優れた自然的素質を生み出す優れた教育が確立されたならば、良き秩序と法はおのずから健全に維持されることになり、こまごました習俗についてまで法規定するのは愚かなことだ、とプラトンは考えていた（『国家』425A-425E）。あまり良い譬えではないかもしれないが、アリストテレスに校則を作らせたら前髪の長さは何センチ、スカートの丈は膝下何センチ以上、礼儀作法はこれこれと細かい規則を作り、その精緻化を図れば理想の生徒像に若者が近づくと考えたかもしれない。プラトンが校長ならば「○○高校の生徒は紳士淑女たれ」という訓示だけを与え、あとは好きにしなさいと言うであろう。アリストテレス教頭は、そんなあいまいな基準では校則に違反しているかどうかも判定できないではないですか、規則とは論理的規定でなければならないはずです、と異論を唱えるがごとしである。「紳士淑女」は、そう呼びうる人間は現実には存在しないという意味では、イデアである。実際、法律をどのように精緻化したところで抜け道のない完全な法律を作ることなど不可能であるように、公理・定義・仮説による論証の原理は人間の知の総体を覆っているものではなく、知の総体の一部である学問的知という知の片隅——無論とてつもなく重要な片隅ではあるが——でのみ、その力を発揮するものである。彼らは一生涯、いつかは完全なものを捕まえられると思って、こまごましたたくさんの法律を制定したり改正したりしながら過ごすことになってしまうでしょうというアデイマントスのソクラテスへの賛同意見（『国家』425E）、またその幾分先に現れる「自分たちがしていることは、実際にはまさにヒュドラ*の頭を切るようなことだとは知らずにね」（『国家』427A）というソクラテスの発言は、不毛な法改正に専念する当時の為政者を批判するためのものであり、作品が書かれた年代上そのようなことはありえないのだが、アリストテレスへの批判のように聞こえないこともない。ここで問題となっているのは、これから詳しく論じる知の枠を大きくとるか小さくとるかという卵の黄身と白身の問題である。

＊ヘラクレスが戦ったたくさんの頭を持つ水蛇の怪物。頭を切り落としてもすぐに別の頭が再生する。

62 これは外科医の知人が語っていたことだが、医者といえども生身の肉体にメスを入れることには心理的抵抗が大きいらしい。その先に患者の治癒という「善きこと」が予想されるが故に、敢えて他人の肉体を切り刻むことが実行できるのだと言う。

63 サバン症の人たちは、障碍者と見なされるが、見方によっては超能力者である。車椅子なしには生活できないホーキング博士は、見方によっては障碍者だが、彼の知能を標準とした場合、我々のほとんどは知的障碍者である。みんながができることができないと異常とされるのに対して、みんながができないことができなくとも異常とは見なされない。障碍者の中に、みんながができないことを軽々とやってのける人がいたとしても、である。障碍者を健常者よりも劣った人々とする色分けはおそらく正しくはなく、優劣の違いではなく、あり方が異質であることが両者の違いの本質であろう。我々が、健常者とはあり方が異なる人々に健常者用の基準を当てはめて評価や理解をするのは、彼らのあり方に即して正しく評価し理解する視点をいまだ持っていないからであろう。幕末のちょんまげをした日本人に洋服を着せて、やっぱり似合わないなと評するようなものである。障碍者の中にも有能な人間と無能な人間はいるだろうが、それは健常者の場合と同様である。障碍者を劣ったものと色分けして安心したがる人は、ものの必然として、健常者の中でも無能な部類の人たちに多かろうと思われる。みんなと同じように月並み、みんなと同じようにお粗末、みんなと同じようにさえない、こういう人々は胸を張って自分を健常者と名乗ることができる。障碍者すなわち劣等者という色分けではなく、彼らの存在のありようをより実態に即して正しく評価する視点が整えば、彼らを不当に日陰に追いやるのではなく、彼らが存分に力を発揮する場を社会が適切に整えることができるようになるだろう。

世の中で正常か異常かの区分の基準となっているものの多くは、それが多数派の利害に沿っているものかどうかに関わっている。左利き・右利きの区別が一番わかりやすい。左利きは矯正されることがある。「矯正」とは、そうあるべきではないものをあるべき姿に変えることである。左利きが異常なもの、右利きが正常なものと考えるのは右利きの人間たちである。多数派が自分たちに都合の良い基準をつくっているにすぎない。左利き用のハサミはあまり売れないので、右利き用のハサミが標準とされる。単に産業の効率性、あるいは特定の立場の者たちのイデオロギーに由来するだけのものが、いつしか正常か異常かの判断、さらには道徳や倫理概念までをも浸食していることが間々あることに注意が必要である。

ちなみに、「正常位」という言い方は変えた方がよい。正常位以外の体位は「異常位」なのだろうか?

64 アドルノ/ホルクハイマー『啓蒙の弁証法』岩波書店、一九九一年。原書はMax Horkheimer und Theodor W. Adorno : Dialektik der Aufklärung. In : Theodor W. Adorno Gasammelte Schriften Band 3. Suhrkamp. 1984². を参照。以下、(『啓蒙の』P170/S.135)のように本文中に示す。

65 アドルノ『文学ノート』イザラ書房、一九七八年、187頁。原書はTheodor W. Adorno : Noten zur Literatur. In : Theodor W. Adorno Gasammelte Schriften Band 11. Suhrkamp. 1990³. S.423を参照。

幻冬舎ルネッサンス新書版『ニーチェ、知への問い』あとがき

本書の概要を若い友人に語ると、それってニーチェ論というより、プラトン論ではないのですか、というもっともな感想をもらった。だが筆者にとって本書はあくまでニーチェ論である。本書は、執筆当初に構想していた内容のうちの半分、あるいは三分の一を扱うだけで紙数が尽き、それゆえ冒頭で言及したプラトンとカントのうち、後者についてはほとんど論じることができなかった。構想の全体を著作と為せたときに、本書がその中のプラトンを扱う一部であることを理解していただけるだろう。残りについては次作に機会を譲りたい。

筆者の哲学への入口にはニーチェがおり、筆者が哲学について何か考えるときの中心にあるのも、またニーチェである。ある哲学者の言説がニーチェと同じか違うか、近いか遠いか、類縁性があるかないか等で筆者の頭の中に散布図が描かれ、その置かれる位置が決まる。もちろんそれらの言説の正誤の基準がニーチェにあるわけではないことは言うまでもない。あくまで整理の仕方である。

筆者がプラトンの著作を読んだのは『国家』が始まりであった。一週間ほど入院した際、病室に持ちこんで読みふけった。その時すでにニーチェがプラトンに対して批判的であることは常識として知っていた。だが、実際に『国家』を読んでみると、意外とニーチェに共通する部分があること

に気づき、なぜニーチェがあまでプラトンに批判的なのか、いぶかしく思うようになった。その後、機会あるごとにニーチェの批判とプラトンの実際のテキストとを読み比べるにつれ、ニーチェの批判に妥当性を欠く部分がかなりあると思われてくるようになった。多くのニーチェ論者の著作を読んでも、ニーチェのプラトン批判をただなぞるだけのものがほとんどで、筆者の中のもやもやに答えてくれるものはなかった。

数年前に竹田青嗣（敬称略す）の『プラトン入門』（ちくま学芸文庫、二〇一五年）を読み、ああ、これだ、と膝を叩いた。この書がニーチェのプラトン批判を直接論じた部分はごく一部（同81〜86頁など）であるが、「哲学の思考の原型的な本質を再確認」（同19頁）しながら巷間にあふれるプラトンに対する誤解を正してくれる、筆者にとって最高の教科書の一つとなった。ちなみに竹田の『ニーチェ入門』はまだ読んでいない。

本書は竹田の『プラトン入門』に三つのことを負うている。その第一は、アリストテレスのイデア論批判を取り上げ、イデア論を実体的真理論とすることの誤りを竹田は論じているが、本書のイデア論も竹田からの教示をもとに成立している。ゼノンのパラドクス論に始まり、概念を実体化してしまう哲学に特徴的に現れる迷誤について竹田は繰り返し警鐘を鳴らし、プラトンのイデア論に対する誤解もまた、そうした一例であることを指摘する。竹田はイデアを「言語が普遍性を保ちうるその思想原理を示すような一つの〝アイデア〟（観念）」（同97頁。筆者の言い方では本書52、86、89および90頁で「補助線」という言葉を用いている）とし、様々なものごとはそれぞれの本質を持っており、それらの「本質」は常に「『～にとってよい』という人間的な価値の連関からしか現れないこと。さらにまたものごとの本質について『知』が対立して争うとき、これを普遍化する原理は、ただ『～にとってよい』という観点自体をより普遍化する以外にないということ」（同200頁）を論じている。プラトンは「善のイデア」という言葉で「全知」や「絶対知」について語ったのではなく、「普遍的な知」について語ったのだ、というのが竹田のイデア論の眼目である（この意味でも、プラトンはニーチェの側に与する思想家である）。この論点は本書の核心を成すものであり、本書の方向性を決める最も大きな教示であった。第二は、筆者がこの本からプロティノスの名を初めて知ったことである。『プラトン入門』でプロティノスが言及されているのは196、203、286頁の三箇所、全部合わせても一ページ分ほどの分量でしかないが、竹田はここにプラトンに対する誤解の淵源があることを示唆している。実際に読んでみて、筆者もまた全く同じ意見を持った。筆者は以前からアウグスティヌスあたりが怪しいのではないかと薄々予想していたが、竹田からの示唆を奇貨として始めた今回の勉強によってプロティノスからアウグスティヌスへの流れを知ることで、ここに決定的な歴史的知の断裂があると確信するようになった。第三は、普遍的思考の陥穽としての「絶対的普遍主義」（同29頁）への警鐘である。何かを絶対的原理とすることで本来普遍性を目指していたはずの言説が普遍性や共通了解を不可能にする危険な排除的原理へと転化するメカニズムを竹田はわかりやすく説いてくれている。本書では「絶対的ロゴス主義」という言葉を用いているが、意味するのは竹田の「絶対的普遍主義」と同じものである。ただし、この三つ目については竹田の教示によって初めて筆者の視界に入った問題ということではない。筆者の子供時代に大人たちがアクチュアルな問題として語っていたマルキシズムが、もともとユートピアを目指すはずであったものであるにもかかわらず、いつしか現実政治の場ではデストピアに頽落するということがどういうメカニズムによって起こることなのか、筆者自身がかなり若い頃から考え続けていたことであった。この問題についての筆者なりの論述が竹田の絶対的普遍主義論のパラフレーズの域を出ていないとしたら、ひとえにそれは筆者の非力のゆえである。主に以上の三点について筆者は竹田の本に恩義を感じているが、本書の論の中に瑕疵や誤解を招くあいまいな表現があった場合は、その責任はすべて筆者にあることは言うまでもない。

とは言え、竹田のこの書に全く異論がない訳ではない。筆者が最も違和感を持ったのは、『『正しさ』や『正義』は〝エロス〟に媒介されない限り、あくまで道徳的、倫理的要請にとどまるほかない。理想的概念は、ただその一般的な知によってだけでは、個々の人間の中で生きられる生の目標には決してならない」(同119頁)という記述である。竹田は、ソクラテスに対するカリクレス的異議の核心はそこにあると述べ、カリクレス／ニーチェの対ソクラテス共同戦線に永井均同様に一定の意義を認めるのである。本書99頁以降で永井に反論したときのように、竹田に対しても、ソクラテスの「道徳的、倫理的要請」は現実的功利性や実効性と無縁な理想的概念の「一般的な知」ではないという同じ反論を筆者は用いることになるが、筆者が違和感を持ったのはそこではなく、竹田がその文脈で〝エロス〟という言葉を使ったことである。永井の論法では、「自体的価値とはならない」ソクラテス的道徳原理に、「自体的価値」とつながるカリクレス的価値観を対抗的原理として押し上げることになった。竹田の記述は、素直にその文脈をたどる限り、カリクレス的自体的価値を「〝エロス〟に媒介され」たものとして捉えていると思われる。筆者は永井に対する反論として「生命論的基盤」という言葉を用いたが、本来エロスという言葉はどう考えてもカリクレスの側ではなく、むしろこの「生命論的基盤」と重なるものではなかろうか。実際、竹田は『プラトン入門』第四章「エロス、美、恋愛」で詳細かつ説得力あるエロス論を展開する。エロスはおよそ人間の欲望一般の本質を象徴するような性格を持つとし（同216頁）、第三章で「功利」を論じるに際して竹田は、「社会の構成員の総体にとって利益になる（すべての人にとって『よい』）、という原理以外には、政治のありかたの『正しさ』の普遍的な基準というものは存在しないと考える。『正しさ』（＝正義）という概念は、多くの人が考えるようにそれ自体が何か〝実体的な徳〟としてあるのではない。じつはそれは、もっと深い基礎（よいこと＝功利）からその概念の本質をえているのである」（同198頁）と述べ、「『イデア論』の基本構造は、［……］はじめに世界への〝欲望とエロス〟が存在し、これと相関的に世界が分節されているという欲望論的構造を示している」（同202頁）と語る。この「欲望論的構造」とは、筆者の言う「生命論的基盤」などよりもさらに広い対象を捉えるものではあるが、両者は無関係ではなく、確かに重なっている。引用が多くなるが、最後にもう一つ。「知や認識や真理は、決してそれ自体として存在根拠をもっているわけではない。それは根源的に、何か『善きもの』へ向かおうとする人間の魂の本性と相関的にのみ、存在根拠をもつ」（同201頁）。読んでいて、思わず目がうるんでくるほど見事な定式化である。竹田がここで用いている「功利」という言葉は、政治家カリクレスが実際の政治の現場で心掛ける指針としていたであろう利害打算的表層的功利とは異なるもっと深い意味を持つものである。竹田が「もっと深い基礎（よいこと＝功利）」という言葉で念頭に置いていたものは、人間の思惟や行動を根底的に既定している「生命論的基盤」と重なるはずであるし、この「功利」にエロス的まなざしを向けていたのは、カリクレスではなく、確かにソクラテス／プラトンであったはずだ。〃エロス〃に媒介された「正しさ」や「正義」は、ソクラテス／プラトンの側にある。

ニーチェも自説に取り入れている「正義とは、強者が弱者を支配し、そして弱者よりも多く持つことである」（プラトン『ゴルギアス』483D）というカリクレス的正義は、竹田の言う「社会の構成員の総体にとって利益になる（すべての人にとって『よい』）」という原理ではない。一部の人間にとってのみの利益を無条件に是認する原理である。強者が弱者からものを取り上げるのは、強者（智者）こそが社会の構成員の総体にとって利益になる社会的資源の使い方を知っているからであり、弱者もまた、ぜひあなたが考える通りに使ってくれと納得して差し出すのが、本来のあるべき姿である（税金とは本来そうしたものであるはずである）。本書102頁の永井への反論で「立派な働き」という言葉に言及したが、筆者はこの「立派な」の内実をよくよく吟味しなければ、とんでもない捉え違いをすることになると思っている。カリクレス自身が「立派なすぐれた人間となって、名声をうたわれる者……」（『ゴルギアス』484D）という言葉を口にしているが、彼の念頭にある「立派な」とは、社会的地位や職業とそれに付随する声望という外形的なものに尽きると考えてよい。だが、筆者は社会的地位や職業とは、人が何か立派なことを為すためにその人が置かれた環境的条件の一つにすぎないものだと考える。その条件の下でその人が何をするかであって、条件にすぎない地位や職業それ自体がその人の立派さを一元的に決めるものではない。高い地位にいてろくでもないことをする人間はいくらでもいる。学問とは無縁なところで虚栄心を満たすことばかりに汲々としている馬鹿な大学教授は世の中に佃煮にするほどいるし、二〇一九年四月一五日、弁論の論理性ではなく自分の昇進を考慮してか、救済を求めるB型肝炎患者の願いをソフィスト的詭弁を弄して踏みにじり国を勝訴させた福岡高裁の裁判官もいれば、病床の回転率を上げるために治りきっていない入院患者を外に放り出し、その経営的「成功」によって病院職員にボーナスを配り自らの病院内の地歩を固めようとした医者等々、なんとも分かりやすい「愛嬌のある」人々がこの世には少なくない。自分の栄達のためなら世の中がどうなろうと知ったことではない人間がいる一方で、世の中が良くなりさえすれば自分の栄達など知ったことではない人間もまたいる。大政奉還の立役者であった坂本龍馬は、新政府官制案の役人表に自分の名を書かなかった。龍馬には自分が参議に名を連ねることによって生じうる新政府の内部分裂という現実的問題も視野にあったが、我々にとってここでより本質的で重要なことは、彼のように広く遠く深くものを見ることができる人間にとって、個人的栄達を求めることなど、それが道徳的か否かなどというくだらぬ議論とは何の関係もない、もとよりそれ自体が鼻くそほどのものでしかなかったという点なのである。龍馬にとって、鼻くそが「生きられる生の目標」になどなりえようがない。その意味で、彼はソクラテス並みに本質と末梢の区別ができる稀有な人物であった。高い地位についていなければ大したことはできないと考えるのは早計である。龍馬は一介の浪士にすぎなかった。無能無策な三百諸侯は、幕府が政権担当能力を日々失っていくのを前に、為すすべもなく手をこまねいているだけであった。彼らは身分上は「立派な」お殿様たちである。「立派な」ことができることと、職業や地位とには、相関性はない。「職業に貴賤なし」の最も本質的な意味はそこにある。

竹田が言うように、ニーチェは固定的真理観ではなく哲学的思惟におけるエロス的観点をもつ優れた哲学者であるが、竹田はそれゆえ、ニーチェの言説すべてにおいてこの観点が浸透しているものと即断してしまったのではないか。筆者が本書で繰り返し触れているように、ニーチェはソクラテス／プラトンに対しては奇妙に思えるほど——少々きつい言い方をすれば——幼児性まるだしと言ってもいいような食って掛かる姿勢を見せる。ニーチェの言説には、決して大真面目にとってはならないものが含まれていることがしばしばある。ニーチェ自身はあくまで大真面目にそうした言説を発するので、その見極めは難しい。多くのニーチェ論者はそれで混乱する。思い出してほしいのは、ニーチェがヴァーグナーからの離反後、その対抗馬としてビゼーを持ち出したことである（『ヴァーグナーの場合』冒頭）。ビゼーは筆者もヴァーグナー以上に好きな作曲家であり決して過小評価するつもりはないが、その選択に苦笑いした人も多かったのではなかろうか。そしてカリクレスである。哲学のサラブレッドの対抗馬に、文字通りの馬の骨を持ち出してどうしようというのか。竹田に対しては尊敬と感謝の念しかない。ただ一箇所、言葉の使い方を間違えたと思われるところを指摘した。

筆者は来年三月に三〇年近く勤めた大学を早期退職し、素浪人になろうと思っている。今よりは、もう少し「立派な」ことがしたいからである。

二〇一九年四月二八日　　仲井幹也

三元社版『ニーチェ　知のゆくえ　一　知への問い』あとがき

本書のまえがきですでに書いたように、本書は二〇一九年に幻冬舎ルネッサンス新書として刊行された『ニーチェ、知への問い』を新たに『ニーチェ　知のゆくえ』三巻本の第一書として三元社より再刊したものである。新書版において散見した誤解を招く記述を数箇所直し、細かい字句の訂正をした以外に大きな変更はない。

あれから四年がたち、筆者の個人生活に特に変化はないが、世の中は日々刻々と変化を遂げている。経済が停滞し、政治が無能の体を晒しているのは四年前と変わりはないが、日本の多くの一般市民・国民からは様々な明るい兆しを目にする機会が多くなっている気がする。特にスポーツ界における日本人選手の華々しい活躍は、市井の名もなき人々をどれほど鼓舞し、勇気を与えていることか。学問の世界でも、安倍政権以降強まった愚かしい科学技術偏重政策によって、様々な学問分野でひずみが生じ、足を引っ張られている状況にあろうとも、現場で真摯な努力を続ける誠実な学究の存在がある限り、この停滞がいつまでも続くとは思えない。学問の「が」の字も知らない政治家が余計な口出しを止めさえすれば――政治家は大谷翔平に、球はこう投げろ、バットはこう振れと口出ししようなどと思うだろうか――、彼らのせいで増殖した「学問業者」や「大学業界人」の居場所はなくなる。なぜなら、学問という玄人の世界は、玄人たちにまかせていれば、玄人の玄人による玄人のための価値基準で学者の評価がなされ、似非が出る幕などなくなるからである。似非たちがどんなに自分が優れているかのように取り繕おうと、玄人にとって似非が似非でしかないことはお見通しでしかない。学者たちは総じて紳士的な人が多いので、露骨に無能者を無能であると公言しないものだが――理由の一つとして、学問の世界では無能者と目されていた者がいつなんどき有能者に豹変するかわからないからでもある――、無能なくせに有能ぶっている者の尊大さや滑稽さを内心では侮蔑し、冷ややかな目で眺めているものなのだ。相当に無神経で厚顔な人間を除けば、大抵の場合、そうした冷ややかな視線を感じ取って玄人の世界では居たたまれない思いですみに縮こまり、玄人の世界の外へと場を移して無能者同士で徒党を組む。玄人の世界では居場所がないので、彼らは、玄人の世界の外にいる、玄人と似非との見分けなどつけられない素人との結びつきを強め、簡単にたぶらかすことのできる彼らの評価を得ることで威勢をふるおうとするのである。素人でしかない政治家が学問への余計な干渉をやめれば、学問の世界で自浄作用が働くようになり、科学技術を含む日本の学術の再興は時間の問題でしかなくなるだろうと信じている。

司法の場でも明るい兆しが見え始めた。袴田巖さんの再審が認められたという一報は、厚い鉛色の雲の隙間からようやく小さな青空のかけらが見えたような感動を筆者に与えてくれた。本書65頁の「法曹界の前時代的権威主義」で筆者が念頭に置いていたのは袴田さんの冤罪事件であった。あんな粗漏な証拠によって死刑が確定し、その後何十年もその判決が覆らなかったことは司法の歴史的恥部とすべき出来事だが、この「恥部」は、逆に司法の財産でもある。アウシュヴィッツが、人類の負の遺産であり人類の恥辱であるのと同時に、我々に常に自戒を促す契機となる、永久に残されるべき未来への遺産であるように。裁判官も検察官も、本来、誇りあるプロフェッショナルたちなのだろうと思う。誇りある検察が、連携する仲間である警察が証拠の捏造などするはずがないと信じたいと思うのは当然なことだが、そう思いたいこととそうであることとは別であるのは、少し考えれば誰にでもわかることだ。大谷翔平がバントなどするはずがないという前提で変則的なシフトを取れば、ごっつあんですとばかり大谷はバントをするのである。データ野球を標榜しても、物事の全体が見えておらず、考慮すべき要素の一部が死角に入った臆断に基づくデータ主義など、一見どんなに知的に見えたとしても、全体が見えている者にとっては痴的でしかなく、簡単にその虚をつけるものでしかない。ついでに教育に話を広げるならば、現在、小学生や中学生に金融について授業で教える試みがなされている。愚劣の極みというものである。どうやって金を手に入れるかの前に、金とはどういう風に使うべきものなのか、それを判断する子供たちの志操を涵養することが、教育がまず初めにしなければならないことのはずである。金の使い方をわきまえない子供に金の手に入れ方を先に説くのは、医学も学んでいない者に手術のメスを渡すようなものだ。そうした軽薄な教育を進める者にとって、金が手に入るかどうかが考慮すべき要素のすべてであって、そこでおしまいであり、その先への考慮は何もない。物事の全体が見えておらず最も根本的なことが抜けたままで、証券のデータはこう見る、金の動きをこう読み解くなどといった知識を身につけた者が豊かな生活を送ることができるなどということをしたり顔で教える風潮は嘆かわしい限りである。そんな偏頗な価値観で幸不幸を判定するのは、結局、この世界が我々のために用意してくれている幸福の総量の一、二割ほどしか知らず、その程度のもので幸福の総体を手にできたと思い込む者たちに他ならない。ちなみに大谷翔平は大金が欲しいからではなく、野球が好きだから野球をやっている人であることに間違いはあるまい。それが彼の幸福の総量を決める「根本的なこと」なのである。

警察官が証拠の捏造などするはずがないと信じ込む検察官や裁判官は、臆断に基づき、そう思いたいことをそうであることと取り違える者でしかなく、プロフェッショナルとは未だ言い難い部分が残る人々ということである。検察官にとっても裁判官にとっても弁護士にとっても、彼らがこの世で最も重視するものとは、真実でなければならない。一九九九年「光市母子殺害事件」において奇妙奇天烈で荒唐無稽な屁理屈によって容疑者に死刑を免れさせようとした弁護士は、死刑廃止という自分のイデオロギーを真実よりも優先させたという点で、弁護士たる適性を持たない人間である。死刑制度を廃止したいのであれば、法廷外で言論活動をすればよいのであって、現行法で認められている死刑を法廷での審理の場で詭弁によって阻止しようなどというのは、法の精神をないがしろにする邪道以外の何物でもない。他方で、現行法では、検察は自分たちが出したい証拠だけを出し、出したくない証拠は出さなくてよいことになっている。一体どんな理由によって、そんな愚劣であるどころか下劣ですらあるルールが保持されているのか。犯人は捕まえ罰しなければならない、だからその容疑者が本当に犯人であるかどうかはどうでもよい、そう考える者は、精神病院か刑務所に入るべき人間である。真実を捻じ曲げてでも裁判に勝ちたいと考える人々のためのルールであって、どう考えても、真実こそがこの世で最も大事なものと考える人々が維持しようとするルールだとは思えない。法における公正の障害にしかならないこんなルールを放置している国会議員は、どれほど仕事をさぼっている者たちなのか。筆者は、自分が裁判員に招請されたら、はっきりとお断りする。このような公正が担保されない現行制度の中で有罪無罪の判断などできようがないからである。無実の人間に不利な証拠ばかりが並べ立てられ、無実を証明する証拠を開示しなくてもよいというルールの下で、冤罪の片棒を担がされることなど、まっぴらごめんである。

法の精神は、真実を求め、真実に基づく公正な判決を求める。検察が正義の貫徹こそを自分たちの職務の誇りとしている人々なら、真実に基づかない正義などあろうはずがないし、真実に基づかない誇りなどというものもあろうはずがない。真実に基づかずに人が守ろうとするものとは、愚か者の美学である面子であり、体面である。人は過ちを犯す。過ちを犯したとき、人は謝罪しなければならない。その時に必要となる勇気こそが、彼らの誇りとすべきものである。一九八六年教皇ヨハネ・パウロ2世（ポーランド人）はカトリック教会が主導した十字軍の遠征をイスラム世界に対して公式に謝罪した。過ちから時がたち、その過ちを認めることが広範に渡る影響がいや増すにつれて、謝罪はより困難なものとなり、その決断のためにより大きな勇気が必要となる。ヨハネ・パウロ2世の英断は、筆者がポーランド人に友情の思いを常に抱き続ける所以の一つでもある。一九一五年マクマホン宣言および一九一七年バルフォア宣言の二枚舌外交によって起こされたパレスチナ問題について、そして、そこに暮らす人々の実情を無視した直線的な国境線によって民族の分断を招き、現在に至るまで様々な解決しがたい紛争を引き起こしている一九一六年サイクス・ピコ協定について、英仏がアラブの人々に謝罪したという話は、寡聞にして聞かない。自分たちの人生が破壊され、同胞の名誉も誇りも踏みにじられた者が、絶望のあまりテロに走るとしたら――テロ自体はいかなる理由によっても正当化できないとしても――、それは大国自らが招いた禍といえる。テロを撲滅するために彼らがしなければならないことは、軍隊を動かすことよりも先に、自ら犯した過去の過ちを直視し、公式に謝罪することだろう。一九八五年のジャンボ機墜落事故の後、日航は、社員が出勤する際に必ず通る場所に事故機の残骸の一部を置いた。職員が登庁する際に必ず通る場所に袴田さんの顔写真を掲げ、二度とこんな過ちは犯さないという思いを新たにすることによって、正義を貫徹する組織として、検察の再生が始まることだろう。

冤罪への見直しが行われた吉報に反して、筆者が註25・註59で論じた死刑制度廃止は、いまだ公的な議論の俎上にすらのぼっていない。岸田政権もまた死刑制度存続の方針を変えないようだ。いまだ凶悪犯罪が絶えぬ以上死刑制度を廃止するのは時期尚早と法務大臣は述べていたが、いまだ凶悪犯罪が絶えぬ多くの諸外国で死刑制度がすでに廃止されている。大臣発言の根底には死刑制度に凶悪犯罪の抑止効果があるという前提があるのだと思うが、それは実証に基づく判断なのか。抑止効果などないという専門家も多くいる。制度を廃止した諸外国で、廃止前よりも廃止後に凶悪犯罪が増加したというデータが実際にあるのか。そうした事実に基づく根拠を示さないかぎり死刑制度存廃の是非は論じられないと思う。そうした統計上の事実がないとしたら、制度存続のために「国民感情」という理由が持ち出されるのだろうが、それもまた国民の大多数が存続すべしという意思を持つという統計調査に基づく事実があるのだろうか。その「国民感情」は、死刑制度に対する十分な知見に基づく啓蒙を経た上での「国民感情」なのか。殺人犯が持つ、あいつを殺してやる、という感情と、あんな凶悪犯は殺してしまえ、という民衆の感情に心理学上の違いはないと言われている。つまりその時、一般民衆もまたそうした言動をする際に、瞬間的に殺人者と同じ心理の持ち主と化しているということだ。国家は、そうした心理状態の民衆の意向を是とするのだろうか。

日本は民主国家である。死刑制度存続が本当に国民の多くの意志というのなら、存続もやむを得ないと思う。ただ、だとしたら、筆者には一つお願いしたいことがある。凶悪犯罪の犯人を処刑するのが国民の総意に基づく国家の意志であるというのなら、そんな重たい職務を、大した給料ももらっていない下っ端の役人にすぎない——失礼——刑務官に負わせるのではなく、法務大臣、または総理大臣自らの手で執行していただきたい。執行の際に三人の刑務官がそれぞれ同時に三つのボタンを押し、そのうちの一つだけがランダムに死刑台の装置につながっているという方式を取っているようである。それは、十人の銃殺隊の兵士に渡される銃の一つだけが空砲であるという方式と同様に、人を殺す執行者の精神的負担を軽減するためのものである。死刑台のボタンを押す役目を負った刑務官は、自分の仕事の内容を家族にも告げられず、自分が殺したのかもしれないという思いを一生抱えて生きていくことになる。彼らはひょっとすると、症状となって現れることはないにせよ、静かに目立たず内攻するPTSDに苦しめられているのではないだろうか。彼らの中には、車のハンドルを握る自分の手に、死刑囚の首にロープをかける際の感覚がフラッシュバックし、戦慄を覚える人もいるという。薄給の、何も悪いことをしていない、善良でつつましい役人でしかない彼らに、なぜそのような懲戒に等しい、耐え難い、重たい責務を押しつけて、国家は平気でいられるのだろうか。死刑制度存続が国家としての正しいあり方であるという信念を政府が持っているのなら、ボタンを押すそうした重たい責務は、法務大臣、あるいは第一義的には総理大臣が行うべきであろう。それも三つの内の一つだけが装置につながっているといういぬるいやり方ではなく、本当にそれが正しいことであるという信念があるのなら、ボタンは一つでいいはずである。国家の最高責任者は、国家の名のもとにその命を奪った死刑囚の遺体を最敬礼で見送っていただきたい。

かつて「アルカイダの友達の友達」と自称していた東大法学部卒のへんてこりんな法務大臣――

そのお兄さんもへんてこりんな言動でよく知られているが――の任期中に、滞留していた死刑の執行が一挙に行われたことがあった。一年の内に一人の法務大臣や総理大臣が何人もの死刑を執行するのは、いかに信念があろうと、さすがにきついというのなら、死刑制度存続論者の国民の中から抽選で一人を選んで執行してもらうということがあってもいいのかもしれない。彼らに死刑囚の首にロープをかけてもらい、ボタンを押し、空中で悶絶する死刑囚の姿を直視してもらい、動かなくなった遺体をストレッチャーに載せる一連の作業をやってもらったらよいだろう。彼らは、心理学的には、人を殺したがっている者たちである。彼らもまた、それが正しいことであるという信念の持ち主であろうから、ボタンは一つでいいはずである。彼らが悪党と見なす人間を絞首刑にするボタンを嬉々として押し、その後も何の心理的負荷も感じていないようならば、筆者はその人は、精神に何らかの病質性を持った忌まわしい人格だと推測する。あるいは、もっと穏やかな言い方をするなら、知性が人間的な想像力と正しく結びついていない、さらなる啓蒙と学習が必要な人なのだろうと思う。ちょうどアメリカの原爆正当化論者に、広島や長崎に来てもらう必要があるように、彼らにそれらの作業をやらせるべきである。

今回『知のゆくえ』の全体タイトルを持つ(未刊の第三書を含むと)三冊のうち二冊を三元社から刊行したが、筆者が「ゆくえ」という言葉を選んだのは、知は決して固定化することはなく、人類が今後も生き続け、思索を続ける限り、ほんの半世紀前に人類が考えていたものとは大きく様相を異にするものに変わっていく（それは無論、本書で繰り返し、第二書『知と非知』でも繰り返しているように、必ずしも「発展する」ということではない）、そしてその「ゆくえ」は誰にもわからないということを含意している。軍国主義的遺風を持っていた昔の古い日本野球界が——と言っては失礼に過ぎたかもしれないが——大谷やダルビッシュたちによって厳しくも楽しく朗らかなものへと変わっていくように、今の若者に顕著な、総じて優しい性格は、決して弱さとつながるものではなく、むしろしなやかな強さと結びついたものなのであろうと筆者は考える（逆に言うと、愚か者の猛々しさなどは弱さの裏返しでしかない）。知の進展もそうしたものであって欲しいと筆者は願っている。

だがWBCでサムライジャパンが決勝でアメリカに負けていたら、あるいは予選敗退していたら、日本人の彼らに対する言動はどうなっていただろうかということも、ふと考えてみる。良識ある日本人ならただ残念と思うだけだろうが、一部には敗退の原因をつくった失策者に対して過激で暴力的な言動を取る人も出たことだろう。サッカーは戦争の代替物である、という社会学的考察をする研究者もいる。野球はサッカーほどその傾向は強くはないが——野球の場合は、試合後に対立するサポーター同士が乱闘騒ぎを起こすようなケースは、まずない——、自分の日常生活の不満や鬱屈のはけ口をスポーツの勝敗結果に求める人は少なくないだろう。昔の演歌に「勝った負けたと騒ぐじゃないよ。後の態度が大事だよ」という歌詞があったが、後の態度が大事なのはスポーツのみならず、実際の戦争においてもそうであろう。漫画『ピーナッツブック』の作者チャールズ・M・シュルツは、スポーツの奇跡的な逆転勝利に狂喜乱舞する周囲の人間たちの中で、主人公チャーリー・ブラウンに、ぼそっとこう独りごちさせる。「負けた方は、どんな気持ちだったろうね」。シュルツは合衆国で生まれたドイツ系アメリカ人で、第二次大戦に従軍し、ナチスドイツと戦った人間である。無論シュルツとて、ナチの擁護などは念頭になく、彼の頭にあったのは「後の態度の大事さ」ということであったろう。戦争の勝利者は、戦争から何も学ばない。彼らが学ぶのは、どうやったら戦争に勝利できるか、どうやったら負けないかの創意工夫だけであろう（あるいは、戦争でどう儲けるかについての創意工夫だけであろう。戦争で旨味を覚えた国は、戦争をする理由を捏造してまでそれをする。そうした国では、戦争は定期的な「公共事業」と化す。ただしその「公共事業」によって旨味を得るのは国民全体ではなく、戦争に行かなくてもよい一部の人間たちだけであり、実際に戦場におもむく兵士たちは、一部の人間たちが旨味を得る殺人工場を稼働させるために切り刻まれ燃やされる「燃料」でしかない）。日本やドイツが戦争から学んだこととは、そんなことよりも、戦争がしてよいことなのか、そうでないのか、そうでないとしたら、どうしたらしないで済むようになるのか、ということであった（はずである）。

こんな逸話がある。帝国主義期にアフリカに進出した白人たちが、我々は部族間で問題が起こると「戦争」で決着をつけるのだと現地人から説明を受けた。彼らの言う「戦争」とは、部族の代表者たちがダンスを踊って、その優劣で勝敗を決するというものだった。それを聞いた白人は、そんなものは戦争ではない、戦争とはこうすることだと言って、大勢の現地人の目の前でその一人を殺害して見せた。その場の現地人の間で恐慌が起きたのは当然で、今日から振り返ってみれば、その白人とアフリカ現地人のどちらを「未開人」と呼ぶべきかは自明であろう。その白人は、地下鉄に乗り、おしゃれなカフェでランチをとり、映画を楽しむ「文明人」であったのかもしれないが、国家繁栄のために他国人や他民族を殺し奴隷化することを崇高な使命と考えるカルト国家観・文明観を持つ退行的な未開人でもあった。彼らはタイプライターを打ち、電信機を使う知性を持っていたかもしれないが、この世界をより豊かに、真に良い状態へと改変するために必要となる知性とは異なる、欠損のある、いびつで歪んだ知性しか持たない「未開人」的「文明人」（あるいは「文明人」的「未開人」）であったということだ。野球やサッカーは真剣勝負であるとしても、ゲームである。真剣勝負の真剣さに我々は固唾をのむのであって、どんなにそれが真剣勝負だとしても、それによって誰も死ぬことはなく、その勝敗結果によって人同士が殴り合ったり、ののしり合うのは無粋というものである。二一世紀以降、人類が行う「闘争」とは、ダンスの優劣を争うような、文明化したものに限られるべきである。半世紀前に人類が当たり前のように考えていたことが、疑念を持たれ、検証され、我々が日々目にするおぞましい胸を悪くさせる現実の根源がどこにあるのか、それを改めて問い直すことが「知への問い」であり、より良き世界を遠望するまなざしが向けられる方向こそが、我々がたどらねばならない「知のゆくえ」である。

二〇二三年三月三十一日

仲井幹也

本書は二〇一九年八月刊行の幻冬舎ルネッサンス新書『ニーチェ、知への問い』を新たに『知のゆくえ』三巻本の、第一書と改題して刊行するものである。

ニーチェ　知のゆくえ　一　知への問い

発行日　二〇二三年七月二〇日　初版第一刷発行
著　者　仲井幹也
発行所　株式会社 三元社
〒一一三-〇〇三三　東京都文京区本郷一-二八-三六鳳明ビル
電話／〇三-五八〇三-四一五五　FAX／〇三-五八〇三-四一五六
郵便振替／00180-2-119840
印刷＋製本　モリモト印刷 株式会社
コード　ISBN978-4-88303-571-7
Printed in Japan　2023 © NAKAI MIKIYA